1 Ernährung bei Strahlen- und Chemotherapie

Diese Empfehlungen bitte immer mit Ernährungsberater/in, Arzt oder Diätologen/in absprechen! Die Rezepte und Zutatenlisten unterstützen die medizinischen Therapien.

Die Kalorienangaben frischer Zutaten (Obst und Gemüse) und die Inhaltsstoffe schwanken je nach Qualität und Erntezeit. Die Inhalte wurden von einer Diätologin und einer Ernährungsberaterin für die Traditionelle Chinesische Medizin (TCM) geprüft.

Autor:
©2022 Josef Miligui
Liebe Leserinnen und Leser, ich wünsche Ihnen viel Erfolg und gutes Gelingen bei der Umstellung Ihrer Ernährung. Dieses Buch wurde aus eigener Erfahrung mit Krankheit und Ernährung geschrieben und ich habe schon immer das Zubereiten guter Speisen geschätzt. Wenn Sie nicht so geübt sind im Kochen, empfiehlt sich ein Kurs bei Ernährungsberatern oder Diätologen, die Ihnen die Grundlagen der Kochmethoden sowie die richtige Verarbeitung der Zutaten vermitteln können. Anhand der Lebensmittellisten aus diesem Buch können Sie weitere Rezepte entwickeln und entdecken.

Quelle:
Die Listen werden aus der EBNS-Datenbank für die Ernährungsberatung generiert. Die Datenbank wird von Ernährungsberater, Therapeuten und Ärzte für die Beratung der Patienten/Klienten verwendet und ermöglicht eine Kombination mehrerer Syndrome.

Literaturliste:
Wir haben die Unterlagen als Wissensbasis genutzt und an unsere Erfahrungen angepasst und ergänzt.
www.ebns.at

Herstellung und Verlag:
BoD – Books on Demand, Norderstedt
ISBN: 9783739239125

DIÄTETIK - veränderter Nährstoffbedarf - Strahlen- und Chemotherapie
(Buch: 051)

1 Ernährung bei Strahlen- und Chemotherapie 1
   1.1 Vorwort 4
   1.2 Beschreibung 7
   1.3 Therapiestrategie 8
   1.4 Vermeiden 9
2 Speiseplan 9
   2.1 Frühstück 9
   2.2 Jause 10
   2.3 Mittag 10
   2.4 Nachmittag 11
   2.5 Abend 11
3 Rezepte 13
   3.1 Adzukibohnen-Reis-Suppe 13
   3.2 Apfel-Bananen-Creme 13
   3.3 Apfelmus mit Rosinen 14
   3.4 Astronautenkost 15
   3.5 Austernpilze mit Spargel 15
   3.6 Baby Frischer Vollkornbrei 16
   3.7 Bandnudeln mit Blattspinat 17
   3.8 Basmatireis + Zucchini-Tofupfanne 18
   3.9 Bitter Lemon 18
   3.10 Bratapfel 19
   3.11 Curryreis mit Rosinen und Nüssen 20
   3.12 Dinkel mit Obst und Nüssen 21
   3.13 Feigen mit Mozzarella und Honig 22
   3.14 Frühstück - Reis mit Früchten 22
   3.15 Geriebener Apfel 23
   3.16 Geröstete Hirse mit Stangensellerie 24
   3.17 Geröstete Nüsse 24
   3.18 Gerstenbrei mit gedünsteter Birne 25
   3.19 Gerstenschrotsuppe 25
   3.20 Getreidekaffee mit Kardamom 26
   3.21 Grießbrei mit Banane 27
   3.22 Grundrezept für eine Reissuppe (Congee) 27
   3.23 Grundrezept für eine Rinderbrühe (klar) 28
   3.24 Hafer-Congee 29
   3.25 Haferflocken mit aromatischen Gewürzen 29
   3.26 Herzhafter Polentabrei 30

3.27	Hirse mit Birnen	31
3.28	Honigmilch	31
3.29	Joghurt mit Honig und Nüssen	32
3.30	Kalte Kirschsuppe mit Quarkklößchen	32
3.31	Kompott aus Äpfeln	33
3.32	Kompott aus einheimischem Obst und Trockenfrüchten	34
3.33	Kuzuwasser	34
3.34	Linsen-Reis-Eintopf	35
3.35	Mango-Bananen-Joghurt-Drink eiskalt	35
3.36	Misosuppe mit Tofu	36
3.37	Obstsaftgetränk	36
3.38	Porridge	37
3.39	Porridge mit Kirschen	38
3.40	Rahmkartoffeln mit Blumenkohl	38
3.41	Rasche Flocken mit Kompott oder Marmelade	39
3.42	Reis mit Pastinake	40
3.43	Reis-Congee mit Honigbirne und schwarzem Sesam	40
3.44	Reis-Congee mit Hühnerleber und Bocksdornfrüchten	41
3.45	Rhabarber-Apfel-Grütze	42
3.46	Rinderbrühe mit Eigelb	42
3.47	Rosmarinkartoffeln	43
3.48	Rotwein mit Eigelb	43
3.49	Süß-pikanter Gerstensalat	44
3.50	Süßreis mit Äpfeln	45
3.51	Tee aus Grüntee	45
3.52	Tee aus Schwarztee (Russischer Tee)	46
3.53	Tee aus Wacholderbeeren	47
3.54	Tomaten mit Mozzarella	47
3.55	Vanillecreme mit Beeren	48
3.56	Vanillepudding	49
3.57	Vollmilch-Getreide-Brei	49
3.58	Zwetschgenkuchen	50
4	Wirkung der Lebensmittel	51
4.1	Zutaten verwenden: empfehlenswert	51
4.2	Zutaten verwenden: ja	51
4.3	Zutaten verwenden: wenig	58
5	Komplementär	59
5.1	Dekokt (Abkochung)	59
5.1.1	Ginkgoblätter	59
5.1.2	Ginsengwurzel	59
5.1.3	Ingwer frisch	60
5.1.4	Wacholderbeeren	60
5.2	Heilbad	60

- 5.2.1 Bad mit Kamille 60
- 5.3 Heil-Tee (Aufguss) 61
  - 5.3.1 Cannabis 61
  - 5.3.2 Kümmel 62
  - 5.3.3 Ringelblumenblüten 62
  - 5.3.4 Rooibos 62
  - 5.3.5 Schiefer Schillerporling, Chaga oder Tschaga 62
  - 5.3.6 Wermut 62
- 5.4 Kapseln 63
  - 5.4.1 Holunderschwamm, Chinesische Morchel, Mu Erg 63
- 5.5 Komplementäre Anwendung 63
  - 5.5.1 Apitherapie 63
  - 5.5.2 Ayur Veda 64
  - 5.5.3 Enzympräparate 64
  - 5.5.4 Klangschalentherapie 65
  - 5.5.5 Lichttherapie 65
  - 5.5.6 Lymphdrainage 65
  - 5.5.7 Selbsthilfegruppen 66
  - 5.5.8 Tuina Massage 67
  - 5.5.9 Vitamin A Präparate 67
  - 5.5.10 Weihrauch 67
- 5.6 Speisezugabe 67
  - 5.6.1 Beifuß 67
- 5.7 Verschiedene Möglichkeiten 67
  - 5.7.1 Aloe Vera (Echte Aloe) 67
  - 5.7.2 Aromatherapie 68
  - 5.7.3 Komplementäre Vitaminpräparate 68
  - 5.7.4 Reishi 69
  - 5.7.5 Schmetterlingsporling, Yun Zhi, Kawaratake 69
- 6 Grundlagen der Ernährung 70
  - 6.1 Ernährung 70
  - 6.2 Rezepte 72
  - 6.3 Lebensmittel 73
  - 6.4 Kräuter 74
- 7 Weitere Ernährungsvorschläge 75

1.1 Vorwort

Die Weltgesundheitsorganisation (WHO) davon spricht, dass bis zu 80% der Erkrankungen durch äußere Faktoren wie Ernährung, Lebensstil, Umweltgifte und dergleichen beeinflusst werden.

Welche Faktoren also jeder einzelne von uns aktiv beeinflussen kann und somit seine Chancen auf Erhöhung der allgemein Gesundheit erzielen kann, darum geht es auf den folgenden Seiten.

Der Fokus in diesem Buch liegt auf dem Faktor mit der größten Hebelwirkung - der Ernährung.
Schon Hippokrates hat einst gesagt "Lass die Nahrung deine Medizin sein und Medizin deine Nahrung!" Kräuterpädagog:innen heute sagen so: "Es gibt für jede Krankheit das richtige Kraut."

Egal wie wir es drehen und wenden, wir sind was wir essen (und was unser Essen gegessen hat). Der moderne Mensch sieht sich gerne isoliert von seiner Umwelt. Wir entstehen aus unserer Umwelt, wir leben inmitten von ihr und wenn wir sterben gehen wir wieder in unsere Umwelt über. Während wir leben essen wir das, was in unserer Umwelt wächst (oder in Fabriken chemisch erzeugt wird). Diese Nahrung liefert die Energie und Bausteine, für den eigenen Körper, für den Stoffwechsel, Zellerneuerung, den Hormonhaushalt und damit für unser gesamtes Sein, die Gesundheit und unser Empfinden.

Hier ein paar Grundbausteine, bevor in dem Buch noch näher auf Ernährungsfaktoren eingegangen wird, die sozusagen der kleinste gemeinsame Nenner der meisten Ernährungsphilosophien sind:

- Saisonalität
    - Winterpflanzen, wie zum Beispiel verschiedene Kohlgewächse, versorgen uns mit Unmengen von Vitamin C und Bitterstoffen. Zwei Faktoren, die unser Immunsystem bei der Abwehr von der Kälte und den typischen Infekten in der Winterzeit unterstützen.
    - Sommerpflanzen wie zum Beispiel Gurken, Tomaten aber auch Zitrusfrüchte kühlen unseren aufgeheizten Körper und versorgen uns mit viel Wasser.
    - Außerdem müssen bei saisonalen Pflanzen weniger chemische Helferlein eingesetzt werden, da die passenden Umweltfaktoren das Wachstum sowieso fördern.
- Regionalität
    - Damit einher geht auch der Faktor der Regionalität. Regionale pflanzliche Lebensmittel werden reif geerntet und haben somit alle Nährstoffe entwickeln können. Im Gegensatz dazu wird Obst und Gemüse aus fernen

Ländern unreif geerntet und nur durch den Einsatz von chemischen Mitteln unnatürlich "nachgereift" - bzw. nur nach-gefärbt. Die Dichte der Nährstoffe und auch der Geschmack kann dabei niemals mit regionalen Lebensmitteln mithalten. (Sie haben es vielleicht schon selber erlebt, dass eine Südfrucht aus dem jeweiligen Ursprungsland dort im Urlaub viel süßer und vollmundiger schmeckt als die gleiche Frucht aus dem zentraleuropäischen Supermarkt).

- Pflanzenbasierte Ernährung
    - Ja, diese Basis teilen selbst die Anhänger der Fleischdiät mit den Veganern. Denn bei der Fleischdiät geht es auch um Fleisch von Tieren, die sich artgerecht, sprich von vielen Gräsern und Kräutern ernährt haben. Die Masse an Getreide in der heutigen Ernährung - egal ob bei Mensch oder Tier - entspricht nicht der natürlichen Ernährungsweise. Sie macht uns krank, dick und manche behaupten sogar dumm (das weist auf die Schädigung der neuronalen Netzwerke hin, die durch den Konsum von Kohlenhydraten passiert hin). Pflanzen im Sinne von Gemüse, Kräutern, Salaten, Sprossen, in geringen Mengen Obst, Nüsse, Samen, etc. liefern neben den viel beschriebenen Vitaminen und Mineralstoffen vor allem sekundäre Pflanzenstoffe, die herausragende Heilwirkung haben. So werden eine Vielzahl unserer Medikamente auf Basis der natürlich vorkommenden Pflanzenstoffe nachgebaut. Allerdings sind da diverse Säuren und andere Wirkstoffe extrahiert und wirken nur alleine - mit den Pflanzen selbst nehmen wir sie in einer reichhaltigen und sich gegenseitig verstärkenden Kombination vielerlei wirksamer Stoffe zu uns.

Ja zusätzlich zu diesen 3 großen Punkten gibt es immer noch sehr viel zu beachten. Ein optimales Verhältnis von Omega 3 zu Omega 6 Fettsäuren (empfohlen wird 1:3), eine individuell und situationsbedingte Eiweißversorgung und so weiter.

Eine ganz gute und einfache Richtlinie für die alltägliche Ernährung bietet der ideale Teller. Der sieht so aus, dass möglichst jede Mahlzeit zur Hälfte aus pflanzlichen Bestandteilen besteht, ein Viertel der Eiweißversorgung dient und ein Viertel die Mahlzeit durch gute Fette und eventuell Kohlenhydrate abrundet.

Die Feinjustierung rund um die Zubereitungsarten, die Zusammenstellungen und so weiter sehe ich als sehr individuell an. Es gibt meines Erachtens nicht die 1 perfekte Ernährung. Es gibt so viele großartige Philosophien und Studien, die alle wunderbare Heilungen berichten und sich dabei aber gegenseitig ausschließen. Was auf den ersten Blick vielleicht paradox wirkt, eröffnet bei näherer Betrachtung ganz viele Möglichkeiten des Probierens und neuer Chancen.

Neben der Ernährung werden noch folgende Faktoren genannt:
- die Giftstoffbelastung in unserer Umwelt sowie in Pflegeprodukten oder eben in der Ernährung
- eine Balance aus Aktivität, (kurzzeitigem) Stress und der Entspannung wie auch Schlaf
- Aufarbeitung der emotionalen Wunden aus der Vergangenheit und Steigerung der Resilienz
- Biologische Zahnheilkunde
- eine optimierte Versorgung durch Heilkräuter, Heilpilze udgl.
- Früherkennung durch bewährte und schonende Verfahren

1.2 Beschreibung

Bei Entzündungen der Mundhöhle und Speiseröhre
- Keine scharfen Gewürze, stark salzige, süße, bittere oder saure Speisen (Essig, Tomaten, Rhabarber, Obst und Obstsäfte mit hohem Fruchtsäuregehalt, bzw. Zitrusfrüchte Johannisbeeren...)
- Kohlensäure kann Schmerzen verstärken
- Salbeiteespülungen können Entzündungen lindern
- cremige, flüssig-breiige, ev. energieangereicherte Speisen können die Nahrungsaufnahme möglicherweise erleichtern
- Meiden von sehr harten, knusprigen, bröseligen Speisen
- zu heiße Speisen bereiten ev. zusätzliche Schmerzen – lauwarme Temperaturen sind besser geeignet
- auf ausreichende Energiezufuhr achten

Bei Durchfällen
- Reichlich Flüssigkeit (2,5-3 l/Tag)
- Vermeiden von rohem Obst und Gemüse, Vollkornprodukten und schwer verdaulichen, fettlastigen Speisen
- Leichte Vollkost unter besonderem Einsatz stopfender Lebensmittel (braune Banane, Schwarztee, Heidelbeertee, ...)
- Nach Abklingen der Beschwerden Kefir und (probiotisches) Joghurt zum Aufbau der Darmflora

Tipps bei trockenem Mund, vermindertem Speichelfluss und Schluckbeschwerden
- Häufig kleine Mengen trinken
- Tee (besonders Pfefferminztee fördert Speichelfluss)
- Mineralwasser - kohlensäurefrei bei entzündeter Mundschleimhaut und Speiseröhre
- Dunkles Bier und Malzbier
- Sauermilch, Kefir, Joghurt (Milch fördert Schleimbildung, Soor)
- Kaugummikauen bzw. das Lutschen saurer Drops kann Speichelfluss fördern
- Bei Kau- und Schluckbeschwerden - flüssig breiige, energieangereicherte Speisen
- auf ausreichende Energiezufuhr achten

Tipps bei Appetitlosigkeit
- Vermeiden Sie starke Essensgerüche durch gutes Lüften
- Stellen Sie fest, ob Sie mehr Appetit haben, wenn Sie alleine oder in Gesellschaft essen
- Essen Sie immer dann, wenn Sie Appetit haben (auch nachts)
- Öfter Lieblingsspeisen einplanen
- Essen Sie kleine Portionen
- Trinken Sie unabhängig zu den Mahlzeiten – nicht während oder kurz vor dem Essen! Dies füllt den Magen und kann den Appetit zusätzlich hemmen!
- Richten Sie die Speisen appetitlich an
- Appetitanregend wirkt auch ein Gläschen Bier, Wein oder ein Aperitif (Arzt fragen)
- Reicht Normalkost nicht, um Gewichtsverluste zu vermeiden, hochkalorische Zusatznahrung
- auf ausreichende Energiezufuhr achten

1.3 Therapiestrategie

Bei der Strahlentherapie ist auf eine ausreichende Energie- und Nährstoffversorgung zu achten, wobei in der Ernährungstherapie auf die individuell auftretenden Symptome eingegangen werden muss. Weiteres Hauptaugenmerk ist auf die oft auftretende Mangelernährung zu legen. Eine gesunde, ausgewogene Mischkost soll dabei alle notwendigen Nährstoffe sowie Vitamine und Mineralstoffe liefern, wobei besonders auf die ausreichende Eiweißzufuhr geachtet werden muss. Wenn Organe des Verdauungsapparates oder Mundbereiche entzündet sind, ist zusätzlich auf spezielle Diät zu achten.

1.4 Vermeiden

Hoch dosierte Antioxidantien in Form von Nahrungsergänzungsmittel können die Wirkung einer Strahlentherapie negativ beeinflussen, der Antioxidantien Gehalt in Obst und Gemüse bei bedarfsgerechtem Verzehr hingegen gilt als unbedenklich.

2 Speiseplan

Kkal. p. Portion

2.1 Frühstück

Adzukibohnen-Reis-Suppe	199,4
Apfelmus mit Rosinen	73,6
Astronautenkost	1045,0
Bratapfel	408,0
Curryreis mit Rosinen und Nüssen	275,3
Dinkel mit Obst und Nüssen	289,7
Frühstück - Reis mit Früchten	230,7
Geriebener Apfel	120,0
Geröstete Hirse mit Stangensellerie	400,1
Geröstete Nüsse	973,0
Gerstenbrei mit gedünsteter Birne	113,8
Gerstenschrotsuppe	265,4
Getreidekaffee mit Kardamom	3,6
Grießbrei mit Banane	307,3
Hafer-Congee	162,1
Haferflocken mit aromatischen Gewürzen	280,6
Herzhafter Polentabrei	262,0
Hirse mit Birnen	213,2
Joghurt mit Honig und Nüssen	258,0
Kompott aus Äpfeln	67,3
Kompott aus einheimischem Obst und Trockenfrüchten	45,0
Kuzuwasser	6,8
Misosuppe mit Tofu	51,0
Obstsaftgetränk	175,5
Porridge	207,5
Porridge mit Kirschen	227,5
Rasche Flocken mit Kompott oder Marmelade	189,0
Reis mit Pastinake	206,5
Reis-Congee mit Honigbirne und schwarzem Sesam	158,9

Rhabarber-Apfel-Grütze 180,0
Rinderbrühe mit Eigelb 173,5
Rosmarinkartoffeln 188,7
Süß-pikanter Gerstensalat 511,1
Süßreis mit Äpfeln 155,8
Tee aus Grüntee 3,0
Tee aus Schwarztee (Russischer Tee) 7,9
Tee aus Wacholderbeeren 10,9
Vanillecreme mit Beeren 282,1
Vanillepudding 254,7

2.2 Jause

Apfel-Bananen-Creme 110,4
Feigen mit Mozzarella und Honig 415,9
Rahmkartoffeln mit Blumenkohl 332,0
Zwetschgenkuchen 502,5

2.3 Mittag

Adzukibohnen-Reis-Suppe 199,4
Apfelmus mit Rosinen 73,6
Astronautenkost 1045,0
Austernpilze mit Spargel 316,7
Bandnudeln mit Blattspinat 722,8
Basmatireis + Zucchini-Tofupfanne 145,9
Bratapfel 408,0
Curryreis mit Rosinen und Nüssen 275,3
Geriebener Apfel 120,0
Geröstete Hirse mit Stangensellerie 400,1
Geröstete Nüsse 973,0
Gerstenbrei mit gedünsteter Birne 113,8
Gerstenschrotsuppe 265,4
Getreidekaffee mit Kardamom 3,6
Grießbrei mit Banane 307,3
Hafer-Congee 162,1
Herzhafter Polentabrei 262,0
Hirse mit Birnen 213,2
Joghurt mit Honig und Nüssen 258,0
Kalte Kirschsuppe mit Quarkklößchen 320,4
Kompott aus Äpfeln 67,3
Kompott aus einheimischem Obst und Trockenfrüchten 45,0
Kuzuwasser 6,8
Linsen-Reis-Eintopf 232,0

Mango-Bananen-Joghurt-Drink eiskalt 121,4
Misosuppe mit Tofu 51,0
Obstsaftgetränk 175,5
Porridge 207,5
Porridge mit Kirschen 227,5
Reis mit Pastinake 206,5
Reis-Congee mit Honigbirne und schwarzem Sesam 158,9
Reis-Congee mit Hühnerleber und Bocksdornfrüchten 175,8
Rhabarber-Apfel-Grütze 180,0
Rinderbrühe mit Eigelb 173,5
Rosmarinkartoffeln 188,7
Rotwein mit Eigelb 242,5
Süß-pikanter Gerstensalat 511,1
Süßreis mit Äpfeln 155,8
Tee aus Grüntee 3,0
Tee aus Schwarztee (Russischer Tee) 7,9
Tee aus Wacholderbeeren 10,9
Tomaten mit Mozzarella 436,2

2.4 Nachmittag

Apfel-Bananen-Creme 110,4
Feigen mit Mozzarella und Honig 415,9
Vanillepudding 254,7
Zwetschgenkuchen 502,5

2.5 Abend

Adzukibohnen-Reis-Suppe 199,4
Apfelmus mit Rosinen 73,6
Astronautenkost 1045,0
Baby Frischer Vollkornbrei 336,5
Bandnudeln mit Blattspinat 722,8
Basmatireis + Zucchini-Tofupfanne 145,9
Bratapfel 408,0
Curryreis mit Rosinen und Nüssen 275,3
Geriebener Apfel 120,0
Geröstete Hirse mit Stangensellerie 400,1
Gerstenschrotsuppe 265,4
Getreidekaffee mit Kardamom 3,6
Grießbrei mit Banane 307,3
Hafer-Congee 162,1
Herzhafter Polentabrei 262,0
Hirse mit Birnen 213,2

Honigmilch 88,0
Kalte Kirschsuppe mit Quarkklößchen 320,4
Kompott aus Äpfeln 67,3
Kompott aus einheimischem Obst und Trockenfrüchten 45,0
Kuzuwasser 6,8
Linsen-Reis-Eintopf 232,0
Mango-Bananen-Joghurt-Drink eiskalt 121,4
Misosuppe mit Tofu 51,0
Obstsaftgetränk 175,5
Porridge 207,5
Porridge mit Kirschen 227,5
Reis mit Pastinake 206,5
Reis-Congee mit Honigbirne und schwarzem Sesam 158,9
Reis-Congee mit Hühnerleber und Bocksdornfrüchten 175,8
Rosmarinkartoffeln 188,7
Rotwein mit Eigelb 242,5
Süß-pikanter Gerstensalat 511,1
Süßreis mit Äpfeln 155,8
Tee aus Wacholderbeeren 10,9
Tomaten mit Mozzarella 436,2

3 Rezepte

empfehlenswert = Sie können mehr verwenden
wenig = wenn möglich weniger verwenden
weniger als angegeben = möglichst nicht verwenden

3.1 Adzukibohnen-Reis-Suppe

Stärkt Milz, Herz, Nieren und Magen, harntreibend, fördert Durchblutung, lindert Entzündungen.

Anzahl Portionen: 1
Kalorien p. Portion   199
Gramm p. Portion   268
Kochdauer ca.   2 Sunden
(Kohlehydrat:78,84% / Eiweiß & Fett:21,16%)
100g.≈ Eiweiß 10,03g. Fett:0,92g.

Zutaten:
Adzukibohnen 8 EL / 40g. (ja)
Reis Rundkornreis 2 EL / 20g. (ja)
Wasser 2 Tassen / 200g. (ja)
Honig 1 EL / 8g. (empfehlenswert)

Kochanleitung:
Eingeweichte Adzukibohnen und Rundkornreis im Verhältnis 4:1 so lange bei kleiner Hitze in Wasser kochen, bis ein dünner Brei entstanden ist. Nach Bedarf süßen und eventuell pürieren. Wirkung: Dieses Rezept kräftigt Nieren, Milz und Magen und ist besonders für Mütter mit zu wenig Milchfluss geeignet.

3.2 Apfel-Bananen-Creme

Reguliert Magen-Darm-Funktion, liefert Vitamin C, cholesterinsenkend, entzündungshemmend, harntreibend, fördert Durchblutung.

Anzahl Portionen: 4
Kalorien p. Portion   110
Gramm p. Portion   206,25
Kochdauer ca.   15 Min.
(Kohlehydrat:94,44% / Eiweiß & Fett:5,56%)
100g.≈ Eiweiß 0,84g. Fett:0,51g.
µg. - Ph:3,01 Na:0,49 Ka:38,02 Mg:2,73 Ca:2,25 Fe:0,1 Zn:0,01 Col.:0 Hsr.:3,19

Zutaten:
Apfel (sauer) 400 g. / 400g. (empfehlenswert)
Wasser 200 ml. / 200g. (ja)
Orange Schale 1/4 Stück / 5g. (ja)
Zitrone Schale 1/2 Stück / 2g. (ja)
Zucker braun 2 TL / 6g. (empfehlenswert)
Zimtstange 1 Stück / 0g. (ja)
Banane 1 Stück / 150g. (ja)
Acerola Fruchtnektar oder Pulver 1 TL / 2g. (ja)
Orangensaft 1/2 Stück / 50g. (empfehlenswert)
Zitrone Saft 1 EL / 10g. (ja)

Kochanleitung:
Apfel in feine Spalten schneiden, mit Wasser, Orangen- und Zitronenschale, Zucker und Zimt zum Kochen bringen und ca. 7 Min. köcheln lassen. Die Äpfel sollen fast weich sein. Acerola zufügen und Zimtstange entfernen. Mit dem Mixstab Apfel, Banane, Orangen- und Zitronensaft fein pürieren.

3.3 Apfelmus mit Rosinen

Stoppt Durchfall, fördert Verdauung, Appetit anregend, aktiviert den Kohlenhydratstoffwechsel.

Anzahl Portionen: 10
Kalorien p. Portion 74
Gramm p. Portion 115
Kochdauer ca. 25 Min.
Allergene: O
(Kohlehydrat:95,67% / Eiweiß & Fett:4,33%)
100g.≈ Eiweiß 0,32g. Fett:0,43g.
μg. - Ph:1,43 Na:0,36 Ka:15,92 Mg:0,6 Ca:0,79 Fe:0,04 Zn:0 Col.:0 Hsr.:1,39

Zutaten:
Apfel (süß) 1 Kg / 1000g. (empfehlenswert)
Wasser 100 ml. / 100g. (ja)
Rosinen 50 g. / 50g. (ja)

Kochanleitung:
Die Äpfel waschen, schälen, vierteln und dabei das Kerngehäuse entfernen. Mit dem Wasser in einen Topf geben und die mit heißem Wasser abgewaschenen Rosinen dazugeben. Bei schwacher Hitze etwa 10 Min. dünsten und abkühlen lassen. Für Kinder bis zu 10 Monaten das Mus im Mixer fein pürieren. Für die Größeren mit dem Kartoffelstampfer zerdrücken. In Tiefkühlbeutel oder leere Joghurtbecher füllen und verschließen. Im Tiefkühlfach einfrieren und

bei Bedarf bei Zimmertemperatur etwa 6 Std. auftauen lassen (ca. 4 Monate haltbar). Das Obstmus ist als Nachtisch oder Zwischenmahlzeit gedacht. Es wirkt verdauungsfördernd. Bei Durchfall lieber Bananenmus geben.

3.4 Astronautenkost

Eiweißreiche Trinknahrung mit sehr hoher Energiedichte. Optimierter Eiweißanteil gleicht Stickstoffverluste aus und fördert die Proteinanabolie.

Anzahl Portionen: 1
Kalorien p. Portion 1.045
Gramm p. Portion 250
Kochdauer ca. 5 Min.
(Kohlehydrat:39,13% / Eiweiß & Fett:60,87%)
100g.≈ Eiweiß 115g. Fett:25g.
µg. - Ph:900 Na:290 Ka:1070 Mg:0 Ca:0 Fe:0 Zn:0 Col.:0 Hsr.:0

Zutaten:
Astronautenkost 1 Paket / 250g. (empfehlenswert)

Kochanleitung:
Nur nach Anweisung des Arztes oder Therapeuten verwenden.

3.5 Austernpilze mit Spargel

Baut Kräfte auf, lindert Entzündungen, fördert Verdauung, senkt Cholesterinspiegel, stärkt Nieren, baut Essenz auf, befeuchtet den Darm, regt Appetit an.

Anzahl Portionen: 4
Kalorien p. Portion 317
Gramm p. Portion 383,02
Kochdauer ca. 30 min.
Allergene: GH
(Kohlehydrat:49,87% / Eiweiß & Fett:50,13%)
100g.≈ Eiweiß 9,44g. Fett:18,25g.
µg. - Ph:15,89 Na:1,2 Ka:61,95 Mg:4,83 Ca:6,05 Fe:0,2 Zn:0,03 Col.:0,39 Hsr.:28,42

Zutaten:
Zwiebel weiss 1 Stück / 50g. (ja)
Butter Bio 2 EL / 40g. (ja)
Austernpilze 300 g. / 300g. (ja)
Sake 2 EL / 40g. (ja)
Petersilie 2 EL / 40g. (ja)
Walnüsse 3 EL / 60g. (empfehlenswert)
Spargel (grün oder weiß) 500g. / 500g. (ja)
Salz 1 Prise / 1g. (wenig)

Zucker (weiß, aus Rüben) 1 Prise / 0,1g. (empfehlenswert)
Kartoffel 1/2 Kg. / 500g. (ja)
Salz Kräutersalz 1 Prise / 1g. (wenig)

Kochanleitung:
Bio-Kartoffeln in der Schale kochen, sonst Salzkartoffeln zubereiten. Spargel in Salzwasser mit einer Prise Zucker und Salz kochen. Um die Bitterstoffe aufzunehmen, kann ein altbackenes Brötchen mitgekocht werden. Die klein geschnittenen Zwiebeln in einer Pfanne in der Butter leicht anbraten, dann die mundgerecht geschnittenen Austernpilze zugeben und ebenfalls kurz anbraten und unter mehrmaligem Umrühren 15 Min. dünsten. Sake, Walnüsse und Petersilie zufügen und auf kleiner Flamme köcheln lassen, während Sie Kartoffeln und Spargel abgießen. Zum Schluss noch etwas Kräutersalz drüberstreuen. Wenn kein frischer Spargel verfügbar ist, kann Spargel aus Gläsern verwendet werden.

3.6 Baby Frischer Vollkornbrei

Reguliert Magen-Darm-Funktion, entzündungshemmend, lindert Schmerzen, entgiftet, bakterizid.
Anzahl Portionen: 1
Kalorien p. Portion   337
Gramm p. Portion   348
Kochdauer ca.   15 Min.
Allergene: AG
(Kohlehydrat:75,5% / Eiweiß & Fett:24,5%)
100g.≈ Eiweiß 10,73g. Fett:7,49g.
µg. - Ph:94,7 Na:68,6 Ka:251,9 Mg:28,7 Ca:76,06 Fe:0,59 Zn:0,33 Col.:3,45 Hsr.:14,37

Zutaten:
Dinkel Vollkornmehl 25 g. / 25g. (ja)
Kuhmilch (Vollmilch 3,5 % Fett) 200 ml. / 200g. (empfehlenswert)
Honig 1 TL / 3g. (empfehlenswert)
Banane 1 Stück / 120g. (ja)

Kochanleitung:
Die Getreidekörner in einer Getreidemühle mehlfein mahlen. Sie können eventuell auch eine Kaffeemühle benutzen, sollten dann aber zweimal mahlen. Das Mehl mit der Milch in einem Topf anrühren und bei mittlerer Hitze zum Kochen bringen. Den Brei bei schwacher Hitze 4-5 Min. unter Rühren leicht kochen lassen. Dann den Honig zufügen. Die Banane mit einer Gabel ganz fein zerdrücken und ebenfalls unter den Brei ziehen. Den Brei in einen Teller füllen und etwas abkühlen lassen.

3.7 Bandnudeln mit Blattspinat

Fördert Verdauung und Durchblutung, stärkt Magen und Darm, verbessert Bauchspeicheldrüsenfunktion. Gut bei Appetitlosigkeit, Blähungen, Darmentzündungen, Fettsucht, Magengeschwüren, Magenkrämpfen, Rheuma, Sodbrennen, Zwölffingerdarmgeschwüren.

Anzahl Portionen: 2
Kalorien p. Portion 723
Gramm p. Portion 317,5
Kochdauer ca. 45 Min.
Allergene: ACG
(Kohlehydrat:59,52% / Eiweiß & Fett:40,48%)
100g.≈ Eiweiß 22,78g. Fett:36,63g.
µg. - Ph:63,29 Na:34,15 Ka:107,6 Mg:22,1 Ca:56,13 Fe:0,98 Zn:0,22 Col.:8,06 Hsr.:39,35

Zutaten:
Spinat 250 g. / 250g. (ja)
Salz 1 Prise / 1g. (wenig)
Nudeln (Weizen, Bandnudeln) mit Ei 200 g. / 200g. (ja)
Olivenöl 1 EL / 15g. (ja)
Zwiebel Frühlingszwiebel 1 Stück / 20g. (ja)
Sahne, süß 30% 100 ml. / 100g. (empfehlenswert)
Creme fraiche 1/2 EL / 6g. (ja)
Thymian getrocknet 1/2 TL / 2g. (ja)
Basilikum (frisch) 1/2 TL / 2g. (ja)
Oregano getrocknet 1/2 TL / 2g. (ja)
Muskatnuss 1 Prise / 0,5g. (ja)
Pfeffer gemahlen 1 Prise / 0,5g. ()
Parmesan 20 g. / 20g. (ja)
Pinienkerne 1 EL / 15g. (ja)
Schwarzkümmel 1 Prise / 1g. (ja)

Kochanleitung:
In einem geschlossenen Topf den tropfnassen Spinat mit etwas Salz 3 Min. zusammenfallen und in einem Sieb abtropfen lassen. Danach fein schneiden. Bandnudeln in reichlich Salzwasser bissfest kochen. Öl in einer beschichteten Pfanne erhitzen und in Ringe geschnittene Jungzwiebeln darin weich dünsten. Sahne, Crème fraîche, Thymian, Basilikum, Oregano und Muskat dazugeben. Die Soße unter Rühren etwas einkochen lassen, Spinat untermischen und kurz erhitzen und mit Muskat, Salz und Pfeffer abschmecken. Nudeln abgießen und abtropfen lassen und mit dem Spinat vermischen. Bei Bedarf mit Salz und Pfeffer nachwürzen. Nudeln portionieren und mit Parmesan und Pinienkernen anrichten. Den Schwarzkümmel drüberstreuen.

3.8 Basmatireis + Zucchini-Tofupfanne

Harntreibend, harmonisiert Milz und Magen, lindert Blähungen. Gut bei Übergewicht und Bluthochdruck. Antioxidativ, fördert Verdauung, entgiftet, stärkt Säfteproduktion, treibt Schweiß, reduziert Blutfett, stärkt Magen.

Anzahl Portionen: 4
Kalorien p. Portion 146
Gramm p. Portion 306,75
Kochdauer ca. 20 min.
Allergene: E
(Kohlehydrat:56,62% / Eiweiß & Fett:43,38%)
100g.≈ Eiweiß 7,95g. Fett:4,89g.
µg. - Ph:13,21 Na:0,7 Ka:33,77 Mg:10,99 Ca:11,98 Fe:0,34 Zn:0,02 Col.:0 Hsr.:7,75

Zutaten:
Soja Tofu 250 g. / 250g. (ja)
Olivenöl 2 EL / 6g. (ja)
Koriander 1/2 TL / 4g. (ja)
Ingwer frisch 1/2 TL / 4g. (ja)
Reis Basmatireis 1/2 Tasse / 60g. (ja)
Wasser 3 Tassen / 200g. (ja)
Zucchini 1 Stück / 700g. (ja)

Kochanleitung:
Tofu würfelig schneiden und mit Olivenöl, Tamari, zerstoßenem Koriander und Ingwer marinieren und mindestens 1 Std. ziehen lassen. Basmatireis im Wasser kochen und evtl. mit Zwiebel und Kardamom würzen. Zucchini und Tofu in einer Pfanne in heißem Öl ca. 5-7 Min. rösten und auf Tellern getrennt vom Reis anrichten. Petersilie drüberstreuen. Kann auch kalt als Salat für zuhause oder unterwegs verwendet werden.

3.9 Bitter Lemon

Appetitanregend

Anzahl Portionen: 1
Kalorien p. Portion 130
Gramm p. Portion 250
Kochdauer ca. 5 Min.
Allergene:
(Kohlehydrat:92,75% / Eiweiß & Fett:7,25%)
100g.≈ Eiweiß 2,5g. Fett:0g.
µg. - Ph:6 Na:4 Ka:1 Mg:1 Ca:4 Fe:0 Zn:0 Col.:0 Hsr.:0

Zutaten:
Bitter Lemon 1 Glas / 250g. (empfehlenswert)

3.10 Bratapfel

Gut bei akuter oder chronischer Verstopfung, erwärmt Magen und Milz, fördert Durchblutung. Gut bei Magenschmerzen, Verdauungsstörungen, Nierenschwäche, Rücken- und Bauchschmerzen, Impotenz, Nierenschwäche.

Anzahl Portionen: 4
Kalorien p. Portion 408
Gramm p. Portion 353,5
Kochdauer ca. 30 Min.
Allergene: GH
(Kohlehydrat:51% / Eiweiß & Fett:49%)
100g.≈ Eiweiß 11,89g. Fett:22,21g.
µg. - Ph:5,08 Na:1,79 Ka:11,92 Mg:1,37 Ca:5,71 Fe:0,03 Zn:0,03 Col.:4,65 Hsr.:0,51

Zutaten:
Apfel (sauer) 4 Stück / 500g. (empfehlenswert)
Haselnüsse 50 g. / 50g. (ja)
Mandeln 50 g. / 50g. (ja)
Zimtpulver 1 Prise / 0,2g. (ja)
Vanillezucker natur 1 Paket / 3g. (ja)
Kuhmilch (Vollmilch 3,5 % Fett) 2 EL / 24g. (empfehlenswert)
Zucker (Staubzucker) 3 EL / 36g. (empfehlenswert)
Zimtpulver 1 Prise / 1g. (ja)

Kochanleitung:
Die Äpfel waschen, einen Deckel abkappen, Kerngehäuse mit einem Teelöffel ausstechen, so dass unten der Apfel dicht bleibt. Nüsse, Mandelstifte, Fruchtzucker, Milch, Vanillezucker und Zimt gut vermengen und die Masse in die Äpfel füllen. Die Deckel wieder aufsetzen. Im vorgeheizten Backofen bei 180 Grad ca. 20 Min. backen. Staubzucker und Zimt mischen,
Vanille-Joghurt auf Teller verteilen, jeweils 1 Bratapfel darauf setzen, mit Zimt-Staubzuckermischung bestreuen und sofort heiß servieren!

3.11 Curryreis mit Rosinen und Nüssen

Stoppt Durchfall, fördert Verdauung, regt Appetit an, harmonisiert Magen, fördert Durchblutung, verbessert Medikamentenwirkung, entschlackt die Haut, regt Nerven an, befreit Atmung, erhöht Körpertemperatur, schweißtreibend.

Anzahl Portionen: 4
Kalorien p. Portion 275
Gramm p. Portion 291
Kochdauer ca. 30 min.
Allergene: HO
(Kohlehydrat:76,19% / Eiweiß & Fett:23,81%)
100g.≈ Eiweiß 3,78g. Fett:8,88g.
µg. - Ph:12,77 Na:2,26 Ka:25,36 Mg:5,82 Ca:3,11 Fe:0,14 Zn:0,02 Col.:0 Hsr.:4,85

Zutaten:
Sonnenblumenöl 1 EL / 15g. (ja)
Zwiebel weiss 1 Stück / 50g. (ja)
Curry 1/2 TL / 2g. (ja)
Reis Wilder (Naturreis) 1 Tasse / 120g. (ja)
Salz 1 Prise / 1g. (wenig)
Weißwein 1/8 Liter / 125g. (wenig)
Zitrone alternativ für Weißwein / g. (ja)
Paprika (Rosenpaprikapulver) 1 Prise / 1g. (ja)
Apfel (süß) 2 Stück / 300g. (empfehlenswert)
Rosinen 2 EL / 25g. (ja)
Walnüsse 2 EL / 25g. (empfehlenswert)
Wasser 6 Tassen / 500g. (ja)

Kochanleitung:
Öl in einem Topf erhitzen und kleingeschnittene Zwiebeln darin glasig dünsten. Curry dazugeben und kurz aufschäumen lassen. Dann rohen Reis einige Minuten bei schwacher Hitze unter ständigem Rühren darin anbraten. Salz, einen Schuss Weißwein oder Zitronensaft, Rosenpaprika, süße Äpfel (kleingeschnitten), Rosinen und gehackte, geröstete Nüsse zufügen. Mit heißem Wasser übergießen, bis alles gut bedeckt ist und köcheln lassen, bis der Reis gar ist. Dazu passt: Karotten-Fenchel-Gemüse, Hülsenfrüchte mit gekochtem Gemüse, geschnetzeltes Geflügel mit Ingwer und Pilzen.

3.12 Dinkel mit Obst und Nüssen

Regt Appetit an, stoppt Durchfall, fördert Verdauung, lindert Müdigkeit, schützt vor Tumorleiden und Leukämie, wirkt förderlich bei Lebensmittelallergien, ist stoffwechselregulierend, senkt Blutzucker und Cholesterin, entzündungshemmend im Magen-Darm-Trakt

Anzahl Portionen: 3
Kalorien p. Portion 289
Gramm p. Portion 286,33
Kochdauer ca. 1 1/2 Stunden
Allergene: AH
(Kohlehydrat:76% / Eiweiß & Fett:24%)
100g.≈ Eiweiß 8,64g. Fett:6,67g.
µg. - Ph:9,7 Na:8,81 Ka:25,53 Mg:3,53 Ca:2,83 Fe:0,14 Zn:0,02 Col.:0 Hsr.:2,96

Zutaten:
Dinkel 1 Tasse / 120g. (ja)
Wasser 1 Tasse / 50g. (ja)
Apfel (süß) 1 Stück / 220g. (empfehlenswert)
Aprikose 1 Stück / 200g. (empfehlenswert)
Pfirsich 1 Stück / 120g. (ja)
Zimtpulver 1 Prise / 1g. (ja)
Kardamom 1 Prise / 1g. (ja)
Salz 1 Prise / 1g. (wenig)
Erdbeere 1 Tasse / 120g. (ja)
Mandelmus 1 EL / 15g. (ja)
Kakao 1 Prise / 1g. (ja)
Walnüsse 1 EL / 10g. (empfehlenswert)

Kochanleitung:
Dinkel in heißem Wasser aufsetzen und gar kochen. Danach: Süßes, kleingeschnittenes Obst (Äpfel, Aprikosen, Pfirsiche) in wenig heißem Wasser mit etwas Zimt kurz andünsten. Gemahlenen Kardamom und/oder Koriander, eine kleine Prise Salz, den gekochten Dinkel und evtl. Erdbeeren (nach Jahreszeit) dazugeben und erhitzen. Mit Kakao und gerösteten Nüssen überstreuen.

3.13 Feigen mit Mozzarella und Honig

Lindert Entzündungen, Blähungen, Schmerzen und Übelkeit, entkrampfend und beruhigend, entgiftend, bakterizid, stillt Blutungen, stärkt Magen und Verdauungssystem.

Anzahl Portionen: 1
Kalorien p. Portion 416
Gramm p. Portion 248,1
Kochdauer ca. 10 Min.
Allergene: GO
(Kohlehydrat:51,96% / Eiweiß & Fett:48,04%)
100g.≈ Eiweiß 13,16g. Fett:22,64g.
μg. - Ph:84,57 Na:105,05 Ka:195,66 Mg:16,03 Ca:153,33 Fe:0,55 Zn:0,52 Col.:9,27 Hsr.:6,05

Zutaten:
Feige 4 Stück / 100g. (ja)
Mozzarella 1 Stück / 50g. (ja)
Basilikum (frisch) 1/2 Bund / 50g. (ja)
Honig 2 EL / 24g. (empfehlenswert)
Pfeffer gemahlen 1 Prise / 0,1g. ()
Traubenkernöl 1 EL / 12g. (ja)
Essig Aceto Balsamico weiss 1 EL / 12g. (ja)

Kochanleitung:
Frische Feigen vierteln, Büffelmozzarella in Würfel schneiden und Basilikumblätter abzupfen. Aus hellem Balsamico-Essig, Traubenkernöl und Honig ein Dressing anrühren und abschmecken. Am Rand entsprechender Teller die Feigen platzieren. Die Mozzarellawürfel verteilen und mit schwarzem Pfeffer würzen. Reichlich ganze oder grob in Streifen geschnittene Basilikumblätter darüber verteilen und mit der Marinade benetzen. Gewürztes Pizzabrot passt hervorragend dazu.

3.14 Frühstück - Reis mit Früchten

Gut bei Durchblutungsstörungen, Thrombose, Emboliegefahr, Bluthochdruck, Kopfschmerzen, nach Herzinfarkt und Schlaganfall zu empfehlen, befeuchtet Darm, fördert Blutaufbau, fördert Verdauung, lindert Entzündungen.

Anzahl Portionen: 3
Kalorien p. Portion 230
Gramm p. Portion 282
Kochdauer ca. 10 min. - 3 Stunden
Allergene: GHO
(Kohlehydrat:90% / Eiweiß & Fett:10%)
100g.≈ Eiweiß 3,59g. Fett:7,61g.
μg. - Ph:3,19 Na:0,7 Ka:8,57 Mg:20,72 Ca:21,22 Fe:0,05 Zn:0,02 Col.:0,54 Hsr.:0,92

Zutaten:
Grundrezept für eine Reissuppe (Congee) 6 Tassen / 500g. (ja)
Kuhmilch (Vollmilch 3,5 % Fett) 1/2 bis 1 Tasse / 80g. (empfehlenswert)
Honig 1 EL / 10g. (empfehlenswert)
Butter Bio 1 EL / 15g. (ja)
Datteln getrocknet 1 EL / 15g. (ja)
Feige 1 EL / 15g. (ja)
Apfel (sauer) 1 Stück / 200g. (empfehlenswert)
Haselnüsse 1/2 EL / 5g. (ja)
Mandeln 1/2 EL / 5g. (ja)
Zimtpulver 1 Prise / 1g. (ja)

Kochanleitung:
Reis-Congee nach Grundrezept kochen oder vorgekocht verwenden. Mit der Milch flüssiger machen und mit Honig süßen. Früchte und Nüsse in Butter anbraten und mit der fertigen Reissuppe vermischen. Datteln, Feigen und den Apfel kleingeschnitten zufügen.

3.15 Geriebener Apfel

3 x tgl. essen, wirkt stopfend, bindet Wasser im Darm.
Anzahl Portionen: 1
Kalorien p. Portion 120
Gramm p. Portion 200
Kochdauer ca. 10 Min.
(Kohlehydrat:94,21% / Eiweiß & Fett:5,79%)
100g.≈ Eiweiß 0,6g. Fett:0,8g.
µg. - Ph:11 Na:3 Ka:144 Mg:6 Ca:7 Fe:0,5 Zn:0,1 Col.:0 Hsr.:15

Zutaten:
Apfel (sauer) 1 Stück / 200g. (empfehlenswert)

Kochanleitung:
Apfel (sauer) schälen und möglichst fein reiben. Danach mindestens 5 Min. stehen lassen, bis er braun geworden ist.

3.16 Geröstete Hirse mit Stangensellerie

Stärkt Milz und Nieren, harntreibend, stoffwechselfördernd.

Anzahl Portionen: 2
Kalorien p. Portion 400
Gramm p. Portion 228
Kochdauer ca. 30 min
Allergene: L
(Kohlehydrat:82,09% / Eiweiß & Fett:17,91%)
100g.≈ Eiweiß 7g. Fett:2,59g.
µg. - Ph:44,42 Na:8,59 Ka:31,27 Mg:23,88 Ca:11,01 Fe:1,24 Zn:0,24 Col.:0 Hsr.:12,62

Zutaten:
Hirse 1 Tasse / 120g. (ja)
Wasser 2 Tassen / 240g. (ja)
Sellerie Stangensellerie 2 Stangen / 50g. (ja)
Kräuter verschiedene 1 EL / 10g. (ja)
Wasser 2 EL / 30g. (ja)
Salz 1 Prise / 1g. (wenig)
Salbei 3-4 Blätter / 2g. (ja)
Kresse 1 TL / 3g. (ja)

Kochanleitung:
Hirse kurz anrösten, mit Wasser übergießen, kurz aufkochen und 20 Min. quellen lassen. Stangensellerie klein schneiden, mit Wasser, Salz und frischen Kräutern 10 Min. kochen und zu der Hirse geben. Frischen Salbei oder Kresse kleingehackt darüberstreuen.

3.17 Geröstete Nüsse

Löst Steine, stärkt Milz und Magen, hilft bei Depressionen.

Anzahl Portionen: 2
Kalorien p. Portion 973
Gramm p. Portion 150
Kochdauer ca. 5 Min.
Allergene: H
(Kohlehydrat:17% / Eiweiß & Fett:83%)
100g.≈ Eiweiß 22,6g. Fett:85,5g.
µg. - Ph:97,58 Na:1,75 Ka:142,42 Mg:45 Ca:29,42 Fe:0,87 Zn:0,78 Col.:0 Hsr.:5,83

Zutaten:
Haselnüsse 100 g. / 100g. (ja)
Cashewnüsse 100 g. / 100g. (ja)
Walnüsse 100 g. / 100g. (empfehlenswert)

Kochanleitung:
Nüsse in einer Pfanne ca. 5 Min. rösten.

3.18 Gerstenbrei mit gedünsteter Birne

Fördert Verdauung, harntreibend, stärkt Milz und Magen, kühlt Blase, befeuchtet Darm und Haut, entspannt, schweißtreibend.

Anzahl Portionen: 5
Kalorien p. Portion 113
Gramm p. Portion 305,8
Kochdauer ca. 25 Min.
Allergene: A
(Kohlehydrat:86% / Eiweiß & Fett:14%)
100g.≈ Eiweiß 3,26g. Fett:0,72g.
µg. - Ph:1,16 Na:0,11 Ka:2,09 Mg:0,44 Ca:0,33 Fe:0,01 Zn:0,01 Col.:0 Hsr.:0,42

Zutaten:
Wasser 10 Tassen / 1200g. (ja)
Gerste 1 Tasse / 120g. (ja)
Ingwer frisch 2 Scheiben / 2g. (ja)
Kardamom 3 Kapseln / 1g. (ja)
Salz 1 Prise / 1g. (wenig)
Birne 1 Stück / 200g. (ja)
Zucker Ursüße (Zuckerrohr) süß 1/2 EL / 5g. (empfehlenswert)

Kochanleitung:
Die Gerste zu grobem Schrot mahlen und trocken anrösten. Heißes Wasser aufgießen, Ingwer und Kardamom hinzufügen und bei wenig Hitze zu einem Brei quellen lassen. Birne schälen und würfeln und mit wenig Wasser 10 Min. dünsten. Am Ende die gedünstete Birne mit etwas Butter und Süßmittel zur Gerste geben. Variante: Wenn es morgens schnell gehen soll, kann man an Stelle von Schrot Gerstenflocken verwenden.

3.19 Gerstenschrotsuppe

Harntreibend, stärkt Magen, befeuchtet Darm, regt Leberfunktion an, antioxidativ, fördert Verdauung, entgiftet, reduziert Blutfett, regt an, löst Stagnation.

Anzahl Portionen: 2
Kalorien p. Portion 265
Gramm p. Portion 201
Kochdauer ca. 25 Min.
Allergene: A
(Kohlehydrat:75,62% / Eiweiß & Fett:24,38%)
100g.≈ Eiweiß 8,17g. Fett:6,42g.
µg. - Ph:56,06 Na:4,73 Ka:103,77 Mg:19,04 Ca:16,65 Fe:0,63 Zn:0,22 Col.:0,01 Hsr.:17,61

Zutaten:
Gerste 1 Tasse / 120g. (ja)
Salz 1 Prise / 1g. (wenig)
Ingwer frisch 1/2 TL / 1g. (ja)
Olivenöl 1 EL / 10g. (ja)
Petersilie 3 EL / 30g. (ja)
Wasser 2 Tassen / 240g. (ja)

Kochanleitung:
Gerste in der Pfanne trocken rösten, anschließend zu Schrot mahlen und mit Wasser, etwas Salz und Ingwer zu einem Brei kochen. Vor dem Servieren Öl und Petersilie unterheben. Variante: Man kann dem Gericht einen noch besseren Geschmack verleihen, indem man es mit vorbereiteter Gemüse- oder Fleischbrühe kocht.

3.20 Getreidekaffee mit Kardamom

Harntreibend, stärkt Magen, befeuchtet Darm, befeuchtet die Haut, entspannt, vermindert Fettgewebe.
Anzahl Portionen: 1
Kalorien p. Portion   4
Gramm p. Portion   136
Kochdauer ca.   5 Min.
Allergene:
(Kohlehydrat:98,58% / Eiweiß & Fett:1,42%)
100g.≈ Eiweiß 0,12g. Fett:0,08g.
µg. - Ph:1,29 Na:1,02 Ka:7,9 Mg:2,49 Ca:5,37 Fe:0,08 Zn:0,09 Col.:0 Hsr.:0

Zutaten:
Getreidekaffee 1 EL / 15g. (ja)
Kardamom 2 Kerne / 1g. (ja)
Wasser 1 Tasse / 120g. (ja)

Kochanleitung:
Wasser, Kaffee, Zucker und Kardamom aufkochen und setzen lassen.

3.21 Grießbrei mit Banane

Reguliert Magen-Darm-Funktion, befeuchtet Darm, entzündungshemmend, antiallergisch, kreislaufstabilisierend, kühlt innere Hitze, gut bei Durchblutungsstörungen.

Anzahl Portionen: 1
Kalorien p. Portion 307
Gramm p. Portion 284
Kochdauer ca. 15 Min.
Allergene: AG
(Kohlehydrat:66,17% / Eiweiß & Fett:33,83%)
100g.≈ Eiweiß 10,58g. Fett:10,73g.
µg. - Ph:116,7 Na:93,56 Ka:218,89 Mg:28,56 Ca:92,08 Fe:0,64 Zn:0,36 Col.:7,61 Hsr.:12,85

Zutaten:
Kuhmilch (Vollmilch 3,5 % Fett) 200 ml / 200g. (empfehlenswert)
Dinkel Gries 3 EL / 30g. (ja)
Butter Bio 1 TL / 4g. (ja)
Banane 1/2 Stück / 50g. (ja)

Kochanleitung:
Die Hälfte der Milch in einem kleinen Topf erhitzen, Grieß zufügen und aufkochen. Bei schwacher Hitze unter ständigem Rühren 3 Min. ausquellen lassen. Den Topf vom Herd nehmen, nach und nach die übrige Milch mit dem Schneebesen unterschlagen und den Brei in ein Schälchen geben. Die Butter und die zermuste Banane zufügen. Für Erwachsene kann eine Prise Zimt darübergestreut werden.

3.22 Grundrezept für eine Reissuppe (Congee)

Niedriger Fettgehalt, zur Entwässerung des Körpers bei Übergewicht und Bluthochdruck.

Anzahl Portionen: 3
Kalorien p. Portion 140
Gramm p. Portion 273,33
Kochdauer ca. 2-4 Stunden
Allergene:
(Kohlehydrat:89,71% / Eiweiß & Fett:10,29%)
100g.≈ Eiweiß 2,96g. Fett:0,48g.
µg. - Ph:5,85 Na:0,58 Ka:5,02 Mg:3,41 Ca:1,72 Fe:0,03 Zn:0,02 Col.:0 Hsr.:6,34

Zutaten:
Reis Sorte beliebig 1 Tasse / 120g. (ja)
Wasser 6 Tassen / 700g. (ja)

Kochanleitung:
Man kocht Reis und Wasser in einem Verhältnis von etwa 1:6. Die Menge des Wassers bestimmt die Dicke des Breis (reine Geschmackssache). Der Reis quillt unwahrscheinlich auf, nehmen Sie also nicht viel. Geben Sie den Reis in einen Topf mit einem schweren Deckel. Wichtig ist, den Reis nach kurzem Aufkochen nur auf kleinster Stufe köcheln zu lassen, da er sonst anbrennt. Kochen Sie den Reis 2-4 Stunden. Je länger er kocht, desto stärkender wirkt er. Wenn Sie das Gericht zum Frühstück essen möchten, können Sie den Reis auch kurz vor dem Zubettgehen aufsetzen. Sicherheitshalber sollten Sie vorher einmal unter Beobachtung für eine ähnlich lange Zeit das Verhalten Ihres Topfes und Herdes prüfen, damit nichts anbrennt.

3.23 Grundrezept für eine Rinderbrühe (klar)

Stärkt Muskeln, Sehnen und Knochen, senkt Blutdruck, bakterizid, stärkt Immunsystem, beugt Krebs vor, reduziert Strahlenverletzungen, regt Verdauung an, reduziert Schmerzen, fördert Verdauung. Harntreibend, stillt Blutung. Rosmarin fördert Verdauung.

Anzahl Portionen: 10
Kalorien p. Portion 114
Gramm p. Portion 276
Kochdauer ca. 4-8 Stunden
Allergene: O
(Kohlehydrat:22,24% / Eiweiß & Fett:77,76%)
100g.≈ Eiweiß 12,22g. Fett:4,1g.
µg. - Ph:5,14 Na:3,08 Ka:13,39 Mg:1,06 Ca:2,52 Fe:0,09 Zn:0,01 Col.:0,14 Hsr.:3,57

Zutaten:
Rind Suppenfleisch 500 g. / 500g. (ja)
Rind Fleischknochen 200 g. / 200g. (ja)
Essig (Rotweinessig) 1 Schuss / 3g. (ja)
Wacholderbeere 8 Stück / 6g. (ja)
Rosmarin 1 Prise / 1g. (ja)
Karotte (Mohrrübe, Möhre) 3 Stück / 210g. (ja)
Pastinake 2 Stück / 300g. (ja)
Lauch (Porree) 1 Stück / 200g. (ja)
Ingwer frisch 1/2 TL / 5g. (ja)
Liebstöckel 1 Stiel / 15g. (ja)
Nelke 2 Stück / 2g. (ja)
Piment 6 Stück / 12g. (ja)
Anis (gemeiner Fenchel) 2 Stück / 1g. (ja)
Salz 1 TL / 5g. (wenig)
Wasser 1 1/2 Liter / 1300g. (ja)

Kochanleitung:
Rotweinessig, Wacholderbeeren, Rosmarin, Knochen und Fleisch in Wasser zum Kochen bringen. Karotten, Pastinaken, Lauch, Ingwer, Liebstöckelgrün, Nelken, Piment, Sternanis und etwas Salz zufügen und alles 4-8 Std. köcheln und dann abseihen. Brühe im Kühlschrank aufbewahren.

3.24 Hafer-Congee

Stärkt Abwehrkraft, unterstützt Wehen.
Anzahl Portionen: 3
Kalorien p. Portion   162
Gramm p. Portion   275
Kochdauer ca.   2-4 Stunden
Allergene: A
(Kohlehydrat:73,58% / Eiweiß & Fett:26,42%)
100g.≈ Eiweiß 7,04g. Fett:2,88g.
µg. - Ph:17,27 Na:0,69 Ka:17,93 Mg:6,8 Ca:5,45 Fe:0,3 Zn:0,09 Col.:0 Hsr.:7,53

Zutaten:
Hafer 1 Tasse / 125g. (ja)
Wasser 6 Tassen / 700g. (ja)

Kochanleitung:
Hafer und Wasser in einem Verhältnis von etwa 1:6 kochen. Die Menge des Wassers bestimmt die Dicke des Breis (reine Geschmackssache). Der Hafer quillt auf, nehmen Sie also nicht zu viel. Geben Sie den Hafer in einen Topf mit guter Isolierung und schwerem Deckel. Wichtig ist, den Hafer nach kurzem Aufkochen nur noch auf kleinster Flamme köcheln zu lassen, da er sonst anbrennt. Kochen Sie den Hafer 2-4 Stunden. Je länger er gekocht hat, desto stärkender wirkt er.

3.25 Haferflocken mit aromatischen Gewürzen

Stoppt Durchfall, fördert Verdauung, Appetit anregend, harmonisiert Magen, lindert Durchfall, stärkt Abwehrkraft, wirkt entgiftend und stimuliert das Immunsystem. Alginsäure kann zur Entgiftung des Darmes beitragen.
Anzahl Portionen: 3
Kalorien p. Portion   281
Gramm p. Portion   208
Kochdauer ca.   25 min.
Allergene: AH
(Kohlehydrat:69,06% / Eiweiß & Fett:30,94%)
100g.≈ Eiweiß 6,74g. Fett:10,73g.
µg. - Ph:33,91 Na:2,34 Ka:51,76 Mg:12,79 Ca:8,03 Fe:0,44 Zn:0,11 Col.:0 Hsr.:12,35

Zutaten:
Hafer Flocken (Vollkorn) 1 Tasse / 125g. (ja)
Walnüsse 1 EL / 15g. (empfehlenswert)
Haselnüsse 1 EL / 15g. (ja)
Wasser 2 Tassen / 240g. (ja)
Wakame 2 cm. / 2g. (ja)
Apfel (süß) 1 Stück / 220g. (empfehlenswert)
Kardamom 3-4 Kapseln / 2g. (ja)
Zitronenmelisse (frisch) 3-4 Blätter / 3g. (ja)
Acerola Fruchtnektar oder Pulver 1 TL / 2g. (ja)

Kochanleitung:
Haferflocken und Nüsse rösten und mit heißem Wasser aufgießen. Kardamom und Wakame 20 Min. darin kochen. Geriebenen Apfel, Acerola und Zitronenmelisse zugeben.

3.26 Herzhafter Polentabrei

Stärkt Milz und Magen, harntreibend, fördert Verdauung, entgiftet, treibt Schweiß, reduziert Blutfett, regt an, löst Stagnation, fördert Appetit.
Anzahl Portionen: 2
Kalorien p. Portion 262
Gramm p. Portion 207,5
Kochdauer ca. 10 Min.
Allergene:
(Kohlehydrat:80% / Eiweiß & Fett:20%)
100g.≈ Eiweiß 5,65g. Fett:5,94g.
µg. - Ph:6,71 Na:0,73 Ka:11,2 Mg:2,2 Ca:2,17 Fe:0,09 Zn:0,05 Col.:0 Hsr.:2,46

Zutaten:
Mais Gries (Polenta) 1 Tasse / 120g. (ja)
Zwiebel Frühlingszwiebel 2 Stück / 40g. (ja)
Ingwer frisch 1/2 TL / 2g. (ja)
Muskatnuss 1 Prise / 1g. (ja)
Salz 1 Prise / 1g. (wenig)
Olivenöl 1 EL / 10g. (ja)
Kurkuma (Gelbwurz) 1 Prise / 1g. (ja)
Wasser 2 Tassen / 240g. (ja)

Kochanleitung:
Polenta in kochendes Wasser einrühren und quellen lassen. Frühlingszwiebel, geriebenen Ingwer, Kurkuma, Muskat, Salz und Olivenöl zugeben und weiter ziehen lassen.

3.27 Hirse mit Birnen

Erfrischend und nährend, fördert Verdauung, harntreibend, stillt Husten, treibt Schweiß, senkt Blutfett, regt an, löst Stagnation, baut Leber auf, stärkt Muskeln, senkt Cholesterinspiegel, antiparasitär.

Anzahl Portionen: 5
Kalorien p. Portion 213
Gramm p. Portion 238,4
Kochdauer ca. 35 Min.
Allergene: G
(Kohlehydrat:85,54% / Eiweiß & Fett:14,46%)
100g.≈ Eiweiß 3,91g. Fett:3,24g.
µg. - Ph:9,48 Na:0,56 Ka:21,43 Mg:4,96 Ca:2,64 Fe:0,24 Zn:0,02 Col.:0 Hsr.:3,84

Zutaten:
Hirse 1 Tasse / 120g. (ja)
Wasser 2 Tassen / 200g. (ja)
Traubensaft rot 2 Tassen / 240g. (empfehlenswert)
Birne 4 Stück / 600g. (ja)
Ingwer frisch 1/2 TL / 2g. (ja)
Salz 1 Prise / 1g. (wenig)
Acerola Fruchtnektar oder Pulver 1 TL / 2g. (ja)
Kakao 1 Prise / 1g. (ja)
Sonnenblumenkerne 2 EL / 4g. (ja)
Gerstenmalz 1/2 TL / 2g. (ja)
Sahne, süß 30% 2 TL / 20g. (empfehlenswert)

Kochanleitung:
Hirse in heißem Wasser aufsetzen und gar kochen. Danach: Traubensaft im Topf erwärmen und kleingeschnittene Birnen, sehr wenig geriebenen Ingwer, eine kleine Prise Salz, Acerola und eine Prise Kakao dazugeben und kurz andünsten. Die gekochte Hirse, Sonnenblumenkerne, etwas Gerstenmalz nach Belieben, 1 TL Sahne pro Portion oder etwas Butter untermengen und erhitzen.

3.28 Honigmilch

Beruhigend, gut bei Schlafstörungen, leicht abführend, lindert Schmerzen, entgiftet, bakterizid.

Anzahl Portionen: 1
Kalorien p. Portion 88
Gramm p. Portion 124
Kochdauer ca. 5 Min.
Allergene: G
(Kohlehydrat:52% / Eiweiß & Fett:48%)
100g.≈ Eiweiß 3,85g. Fett:4,2g.
µg. - Ph:92,52 Na:48,61 Ka:146,68 Mg:11,81 Ca:116,29 Fe:0,14 Zn:0,4 Col.:5,81 Hsr.:0

Zutaten:
Kuhmilch (Vollmilch 3,5 % Fett) 1 Tasse / 120g. (empfehlenswert)
Honig 1 TL / 4g. (empfehlenswert)

Kochanleitung:
Milch leicht erwärmen und den Honig zufügen. In kleinen Schlucken trinken.

3.29 Joghurt mit Honig und Nüssen

Lindert Schmerzen, entgiftet, bakterizid, fördert Wundheilung. Gut bei akuter oder chronischer Verstopfung des Darmes. Löst Steine.

Anzahl Portionen: 1
Kalorien p. Portion 258
Gramm p. Portion 167
Kochdauer ca. 5 Min.
Allergene: GH
(Kohlehydrat:61% / Eiweiß & Fett:39%)
100g.≈ Eiweiß 6,79g. Fett:12,43g.
µg. - Ph:107,54 Na:38,83 Ka:167,29 Mg:19,4 Ca:104,46 Fe:0,49 Zn:0,54 Col.:10,48 Hsr.:2,16

Zutaten:
Joghurt (natur, 3,5 % Fett) 125 g. / 125g. (ja)
Honig 2 EL / 30g. (empfehlenswert)
Walnüsse 1 EL / 12g. (empfehlenswert)

Kochanleitung:
Joghurt mit Honig und feingehackten Nüssen mischen.

3.30 Kalte Kirschsuppe mit Quarkklößchen

Fördert die Durchblutung, lindert Entzündungen, abführend, stärkende Wirkung auf die Verdauung, reinigt und beruhigt den Darm. Gut bei Körperschwäche, Magendruck, Aufstoßen, Diabetes, akute oder chronische Verstopfung.

Anzahl Portionen: 2
Kalorien p. Portion 320
Gramm p. Portion 314,5
Kochdauer ca. 2 Stunden
Allergene: GO
(Kohlehydrat:69,75% / Eiweiß & Fett:30,25%)
100g.≈ Eiweiß 7,98g. Fett:15,19g.
µg. - Ph:24,08 Na:6,18 Ka:60,77 Mg:5,2 Ca:21,84 Fe:0,17 Zn:0,05 Col.:1,47 Hsr.:4,76

Zutaten:
Kirschenkompott 450 g. / 450g. (empfehlenswert)
Agar-Agar, Agartang 1/2 TL / 1,5g. (ja)
Topfen (Quark) 20% 100 g. / 100g. (ja)
Sauerrahm 15% Fett 50 g. / 50g. (empfehlenswert)
Vanillezucker natur 1 Paket / 1g. (ja)
Zucker braun 1 EL / 10g. (empfehlenswert)
Zimtpulver 1 Prise / 0,5g. (ja)
Zitrone Schale 1 Prise / 1g. (ja)
Wasser 2 EL / 15g. (ja)

Kochanleitung:
Kirschkompott abseihen. Die Hälfte der Kirschen und den Kirschsaft mit dem Mixer fein pürieren und durch ein Sieb streichen. Das Agar-Agar-Pulver mit 2 EL kalten Wasser glatt rühren und das Kirschpüree unter Rühren zum Kochen bringen. Agar-Agar-Lösung untermischen und das Kirschpüree 1 Min. unter Rühren leicht kochen lassen. Heißes Kirschpüree auf zwei Suppenteller verteilen und die restlichen Kirschen in die Suppe geben. Kirschsuppe 2 Std. kalt stellen, bis sie leicht geliert. Mit dem Handmixer Quark, Sauerrahm, Zucker, Vanillezucker, Zimt und Zitronenschale zu einer glatten, festen Creme rühren. Aus der Creme mit dem Esslöffel kleine Klößchen stechen und in die Kirschsuppe setzen.

3.31 Kompott aus Äpfeln

Apfel (süß) stoppt Durchfall, fördert Verdauung, regt Appetit an, harmonisiert Magen, erwärmt Magen und Milz, fördert Durchblutung.
Anzahl Portionen: 2
Kalorien p. Portion 67
Gramm p. Portion 220,5
Kochdauer ca. 10 Min.
(Kohlehydrat:95,64% / Eiweiß & Fett:4,36%)
100g.≈ Eiweiß 0,24g. Fett:0,46g.
µg. - Ph:2,81 Na:1,03 Ka:36,45 Mg:1,81 Ca:4,33 Fe:0,13 Zn:0,03 Col.:0 Hsr.:3,74

Zutaten:
Apfel (süß) 1 Stück / 220g. (empfehlenswert)
Wasser 2 Tassen / 220g. (ja)
Zimtpulver 1 Prise / 1g. (ja)

Kochanleitung:
Bio-Apfel mit Schalen und Kernen klein geschnitten im Wasser weich kochen und mit Zimt bestreuen.

3.32 Kompott aus einheimischem Obst und Trockenfrüchten

Fördert Verdauung und Durchblutung, harntreibend, stoppt Durchfall, regt Appetit an, erwärmt Magen und Milz.

Anzahl Portionen: 4
Kalorien p. Portion 45
Gramm p. Portion 200,5
Kochdauer ca. 15 Min.
(Kohlehydrat:94% / Eiweiß & Fett:6%)
100g.≈ Eiweiß 0,3g. Fett:0,3g.
µg. - Ph:0,3 Na:0,1 Ka:3,15 Mg:0,19 Ca:0,4 Fe:0,01 Zn:0,01 Col.:0 Hsr.:0,35

Zutaten:
Apfel (süß) 1 Stück / 150g. (empfehlenswert)
Birne 1 Stück / 150g. (ja)
Zimtpulver 1 Prise / 0,2g. (ja)
Zitrone Schale 1/2 TL / 2g. (ja)
Wasser 1/2 Liter / 500g. (ja)

Kochanleitung:
Den Apfel und die Birne mit den Trockenfrüchten weich kochen und mit Zimt und Zitronenschale (bio) bestreuen.

3.33 Kuzuwasser

Enthält viele Vitamine und Mineralstoffe. Zur Stärkung der Darmflora, besonders nach Antibiotikaeinnahme. Beruhigt die Magenschleimhaut und schützt den Magen.

Anzahl Portionen: 1
Kalorien p. Portion 7
Gramm p. Portion 122
Kochdauer ca. 5 Min.
(Kohlehydrat:99,17% / Eiweiß & Fett:0,83%)
100g.≈ Eiweiß 0g. Fett:0,01g.
µg. - Ph:0 Na:0,98 Ka:0 Mg:0,98 Ca:4,92 Fe:0,01 Zn:0,1 Col.:0 Hsr.:0

Zutaten:
Kuzu 1/2 TL / 2g. (ja)
Wasser 1 Tasse / 120g. (ja)

Kochanleitung:
Kuzu zerstoßen, mit lauwarmem Wasser aufgießen und kurz ziehen lassen, bis eine milchige Flüssigkeit entsteht. Dann abseihen.

3.34 Linsen-Reis-Eintopf

Ist sehr nahrhaft, stärkt Herz, Milz und Nieren, senkt Blutdruck, bakterizid, harntreibend, beruhigt den Magen, fördert Verdauung, stärkt Immunsystem. Gut bei Durchblutungsstörungen, Thrombose, Emboliegefahr, Bluthochdruck, Kopfschmerzen.

Anzahl Portionen: 3
Kalorien p. Portion 232
Gramm p. Portion 306,67
Kochdauer ca. 25 Min.
Allergene: LNO
(Kohlehydrat:79% / Eiweiß & Fett:21%)
100g.≈ Eiweiß 5,19g. Fett:5,04g.
µg. - Ph:3,63 Na:1,18 Ka:8,86 Mg:1,61 Ca:2,12 Fe:0,07 Zn:0,03 Col.:0,02 Hsr.:4,92

Zutaten:
Linsen (Helmbohnen) 100 g. / 100g. (ja)
Wasser 5 Tassen / 500g. (ja)
Reis Sorte beliebig 1 Tasse / 120g. (ja)
Sesamöl 1 EL / 10g. (ja)
Karotte (Mohrrübe, Möhre) 2 Stück / 150g. (ja)
Sellerie Stangensellerie 2 Stangen / 20g. (ja)
Cumin (Kreuzkümmel) 1 Prise / 0,2g. (ja)
Salz 1 Prise / 0,5g. (wenig)
Essig (Apfelessig) 1 Schuss / 2g. (ja)
Petersilie 2 EL / 18g. (ja)

Kochanleitung:
Linsen am Vortag einweichen. Sesamöl in einem Topf erhitzen. Karotte und Stangensellerie klein schneiden und darin anbraten. Reis, eine Prise Cumin und Linsen dazugeben und aufkochen. Wenn die Linsen weich sind, Salz zugeben, mit etwas Essig abschmecken und mit Petersilie garnieren. Variante: Im Sommer kann man das Cumin weglassen und frische grüne Erbsen oder Chinakohl verwenden.

3.35 Mango-Bananen-Joghurt-Drink eiskalt

Reguliert Magen-Darm-Funktion. Gut bei Appetitlosigkeit, Mundschleimhautentzündung, chronischer Verstopfung.

Anzahl Portionen: 2
Kalorien p. Portion 121
Gramm p. Portion 226
Kochdauer ca. 5 Min.
Allergene: G
(Kohlehydrat:86,93% / Eiweiß & Fett:13,07%)
100g.≈ Eiweiß 2,73g. Fett:1,05g.
µg. - Ph:15,94 Na:7,47 Ka:102,09 Mg:10,74 Ca:22,08 Fe:0,14 Zn:0,04 Col.:0,28 Hsr.:5,73

Zutaten:
Mangosaft 100 ml. / 100g. (empfehlenswert)
Joghurt (natur, 1,5 % Fett) 100 g. / 100g. (ja)
Mineralwasser 100 ml. / 100g. (ja)
Banane 1/2 Stück / 150g. (ja)
Acerola Fruchtnektar oder Pulver 1 TL / 2g. (ja)

Kochanleitung:
Alle Zutaten und 2-3 Eiswürfel im Mixer fein pürieren.

3.36 Misosuppe mit Tofu

Liefert Vitamine, Mineralien, Enzyme und sekundäre Pflanzenwirkstoffe. Alginsäure entgiftet den Darm, löst Stagnation. Belebt, entgiftet, stärkt das Immunsystem, fördert Verdauung, stärkt Magen, lindert Blähungen.
Anzahl Portionen: 3
Kalorien p. Portion 51
Gramm p. Portion 231,33
Kochdauer ca. 5 min.
Allergene: E
(Kohlehydrat:43,33% / Eiweiß & Fett:56,67%)
100g.≈ Eiweiß 4,44g. Fett:1,66g.
µg. - Ph:11,31 Na:58,1 Ka:19,06 Mg:5,88 Ca:7,16 Fe:0,06 Zn:0,01 Col.:0 Hsr.:3,33

Zutaten:
Wakame 1 Stück / 5g. (ja)
Miso 3-4 EL / 30g. (ja)
Soja Tofu 50 g. / 50g. (ja)
Wasser 1/2 Liter / 500g. (ja)
Sojasauce 1 Schuss / 3g. (ja)
Zwiebel Frühlingszwiebel 1/2 EL / 6g. (ja)

Kochanleitung:
Wasser, Sojakeimlinge, Wakamealge und in Würfel geschnittenen Tofu 5 Min. aufwärmen. Misopaste in Suppenteller geben und langsam mit heißer Suppe übergießen. Mit Tamari abschmecken. Eventuell Frühlingszwiebeln dazugeben.

3.37 Obstsaftgetränk

Stoppt Durchfall, fördert Verdauung, appetitanregend, harmonisiert Magen, lindert Schmerzen, entgiftet, bakterizid, senkt Blutdruck, stärkt Immunsystem, beugt Krebs vor, reduziert Strahlenverletzungen.
Anzahl Portionen: 2
Kalorien p. Portion 175

Gramm p. Portion 305
Kochdauer ca. 10 Min.
Allergene:
(Kohlehydrat:93% / Eiweiß & Fett:7%)
100g.≈ Eiweiß 1,89g. Fett:0,9g.
µg. - Ph:4,99 Na:2,24 Ka:37,45 Mg:2,36 Ca:6,04 Fe:0,21 Zn:0,05 Col.:0 Hsr.:4,3

Zutaten:
Orange 2 Stück / 150g. (ja)
Apfel (süß) 4 Stück / 300g. (empfehlenswert)
Karotte (Mohrrübe, Möhre) 2 Stück / 150g. (ja)
Honig 1 EL / 10g. (empfehlenswert)

Kochanleitung:
Orangen und Karotten schälen, alle Zutaten würfelig schneiden, damit sie in die Saftpresse passen und entsaften, mit Honig süßen.

3.38 Porridge

Stärkt Abwehrkraft und wirkt leicht abführend.
Anzahl Portionen: 2
Kalorien p. Portion 207
Gramm p. Portion 169
Kochdauer ca. 15 min.
Allergene: AG
(Kohlehydrat:67% / Eiweiß & Fett:33%)
100g.≈ Eiweiß 5,7g. Fett:8,35g.
µg. - Ph:27,06 Na:5,58 Ka:30,8 Mg:7,53 Ca:15,29 Fe:0,22 Zn:0,23 Col.:0,56 Hsr.:6,61

Zutaten:
Hafer Flocken (Vollkorn) 8 EL / 60g. (ja)
Wasser 1/8 Liter / 125g. (ja)
Kuhmilch (Vollmilch 3,5 % Fett) 1/8 Liter / 125g. (empfehlenswert)
Salz 1 Prise / 0,3g. (wenig)
Sahne, süß 30% 2 EL / 20g. (empfehlenswert)
Zucker Ursüße (Zuckerrohr) süß 1 EL / 8g. (empfehlenswert)

Kochanleitung:
Wasser, Milch und eine Prise Salz aufkochen. 4 EL grobe Haferflocken einstreuen und zu einem Brei verkochen, 4 EL feine Haferflocken mitkochen, vom Herd nehmen und ausquellen lassen. In eine vorgewärmte Schüssel geben und mit flüssiger Sahne übergießen. Porridge gilt als magenschonend und wird auch bei Auftreten von Durchfall verabreicht, da er durch seinen hohen Flüssigkeitsgehalt neben Suppe oder Reisbrei gut dazu geeignet ist, den hierbei auftretenden Flüssigkeitsverlust auszugleichen.

3.39 Porridge mit Kirschen

Stärkt Abwehrkraft, fördert die Durchblutung, lindert Entzündungen, befeuchtet und verbessert die Haut. Leicht abführend.

Anzahl Portionen: 2
Kalorien p. Portion 227
Gramm p. Portion 219
Kochdauer ca. 10 Min.
Allergene: AG
(Kohlehydrat:72% / Eiweiß & Fett:28%)
100g.≈ Eiweiß 6,27g. Fett:7,32g.
µg. - Ph:21,9 Na:4,46 Ka:36,38 Mg:6,43 Ca:12,81 Fe:0,17 Zn:0,18 Col.:0,43 Hsr.:5,96

Zutaten:
Hafer Flocken (Vollkorn) 8 EL / 60g. (ja)
Wasser 1/8 Liter / 125g. (ja)
Kuhmilch (1,5 % Fett) 1/8 Liter / 125g. (ja)
Salz 1 Prise / 0,2g. (wenig)
Sahne, süß 30% 2 EL / 20g. (empfehlenswert)
Zucker Ursüße (Zuckerrohr) süß 1 EL / 8g. (empfehlenswert)
Kirsche 100 g. entkernte / 100g. (ja)

Kochanleitung:
Wasser, Milch und eine Prise Salz aufkochen. 4 EL grobe Haferflocken einstreuen und zu einem Brei verkochen, 4 EL feine Haferflocken mitkochen, vom Herd nehmen und ausquellen lassen. In eine vorgewärmte Schüssel geben und mit flüssiger Sahne übergießen. Kirschen entkernen und hinzugeben.

3.40 Rahmkartoffeln mit Blumenkohl

Verbessert Verdauung, regeneriert die Haut, harntreibend, senkt Cholesterinspiegel, befeuchtet Darm, kühlt innere Hitze, regt Leberfunktion an, entgiftet.

Anzahl Portionen: 1
Kalorien p. Portion 332
Gramm p. Portion 278
Kochdauer ca. 30 Min.
Allergene: CG
(Kohlehydrat:47% / Eiweiß & Fett:53%)
100g.≈ Eiweiß 9,48g. Fett:20,8g.
µg. - Ph:102,68 Na:15,6 Ka:286,5 Mg:16,9 Ca:38,58 Fe:1,04 Zn:0,6 Col.:122,59 Hsr.:17,7

Zutaten:
Kartoffel 150 g. / 150g. (ja)
Blumenkohl (Karfiol) 50 g. / 50g. (ja)
Kuhmilch (Vollmilch 3,5 % Fett) 3 EL / 30g. (empfehlenswert)

Sahne, süß 30% 1 EL / 10g. (empfehlenswert)
Butter Bio 1 TL / 10g. (ja)
Petersilie 1 TL / 3g. (ja)
Huhn Eigelb 1 Stück / 25g. (ja)

Kochanleitung:
Die Kartoffeln unter fließendem Wasser, den Blumenkohl in stehendem Wasser gründlich waschen. Blumenkohl in kleine Röschen teilen, die Stiele in etwa 1 cm große Stücke schneiden. Kartoffeln schälen und in etwa 2 cm große Würfel schneiden. Die Milch mit der Sahne in einem Topf erhitzen, Kartoffeln und Blumenkohl zufügen und bei schwacher Hitze in etwa 15 Min. garen. Das Gemüse auf einen Teller geben, Butter, gehackte Petersilie und das Eigelb hinzufügen und alles mit einer Gabel leicht verkneten und mischen.

3.41 Rasche Flocken mit Kompott oder Marmelade

Lindert Schmerzen, entgiftet, bakterizid, löst Steine, nährt Knochen und Sehnen, wärmt Nieren und Milz, stärkt Magen, löst Blähungen, kontrolliert übermäßigen Harndrang, hilft bei Verdauungsschwäche.
Anzahl Portionen: 2
Kalorien p. Portion 189
Gramm p. Portion 219
Kochdauer ca. 5 min.
Allergene: H
(Kohlehydrat:64% / Eiweiß & Fett:36%)
100g.≈ Eiweiß 4,12g. Fett:8,82g.
µg. - Ph:2,17 Na:0,24 Ka:3,41 Mg:0,86 Ca:1,28 Fe:0,03 Zn:0,03 Col.:0 Hsr.:0,14

Zutaten:
Quinoa 5–7 EL / 50g. (ja)
Wasser 1/4 Liter / 250g. (ja)
Kompott (Früchte der Saison) 1 Tasse / 100g. (empfehlenswert)
Walnüsse 1 EL gerieben / 8g. (empfehlenswert)
Olivenöl 1 EL / 10g. (ja)
Honig 2 EL / 20g. (empfehlenswert)
Vanille 1 Prise / 0,2g. (ja)
Anis (gemeiner Fenchel) 1 Prise / 0,2g. (ja)
Kardamom 1 Prise / 0,2g. (ja)
Chili (Schote oder gemahlen) 1 Prise / 0,1g. (ja)

Kochanleitung:
Quinoa Flocken in eine Pfanne geben und mit Wasser aufgießen. 3-5 Min. aufkochen, vom Feuer nehmen, Nüsse und Kompott dazugeben sowie einen Schuss Öl. Süßen nach Bedarf mit Honig, Vollrohrzucker

oder Agavendicksaft. Gewürze und Aromen: Vanille, Anis, Fenchel oder Koriander, Kardamom, wenig Chili. Winter: Apfelkompott, Birnenkompott, Früchtemarmelade. Sommer: Zwetschgenkompott, Aprikosenkompott.

3.42 Reis mit Pastinake

Vitaminreich, Mineralstoffe Kalium und Zink. Bei Durchblutungsstörungen, Thrombose, Emboliegefahr, Bluthochdruck, Kopfschmerzen, Herzinfarkt, Schlaganfall, Hefepilzinfektionen.

Anzahl Portionen: 3
Kalorien p. Portion 206
Gramm p. Portion   261,33
Kochdauer ca.   45 Min.
Allergene:
(Kohlehydrat:78,37% / Eiweiß & Fett:21,63%)
100g.≈ Eiweiß 5,17g. Fett:4,53g.
µg. - Ph:20,16 Na:2,09 Ka:94,99 Mg:7,61 Ca:10,6 Fe:0,15 Zn:0,07 Col.:0 Hsr.:12,18

Zutaten:
Reis Sorte beliebig 1 Tasse / 120g. (ja)
Wasser 2 Tassen / 200g. (ja)
Salz 1 Prise / 1g. (wenig)
Pastinake 3-4 Stück / 450g. (ja)
Olivenöl 1 EL / 10g. (ja)
Salbei 1 TL / 3g. (ja)

Kochanleitung:
Pastinake schälen und in Scheiben schneiden. Kurz in Öl anbraten. Reis hinzugeben und kurz mitbraten. Mit Wasser übergießen und mindestens 30 Min. lang kochen lassen. Mit etwas frischem gehacktem Salbei bestreuen.

3.43 Reis-Congee mit Honigbirne und schwarzem Sesam

Fördert Verdauung, harntreibend, befeuchtet Darm. Gut bei Durchblutungsstörungen, Thrombose, Emboliegefahr, Bluthochdruck, Kopfschmerzen, Herzinfarkt und Schlaganfall.

Anzahl Portionen: 2
Kalorien p. Portion 159
Gramm p. Portion   271,5
Kochdauer ca.   10 Min. - 3 Stunden
Allergene: N
(Kohlehydrat:95,26% / Eiweiß & Fett:4,74%)
100g.≈ Eiweiß 2,44g. Fett:1,55g.
µg. - Ph:9,61 Na:0,87 Ka:36,88 Mg:70,3 Ca:68,61 Fe:0,18 Zn:0,06 Col.:0 Hsr.:5,76

Zutaten:
Grundrezept für eine Reissuppe (Congee) 2 Tassen / 240g. (ja)
Birne 2 Stück / 300g. (ja)
Sesam, Schwarzer 1 TL / 3g. (ja)

Kochanleitung:
Reis-Congee nach Grundrezept kochen oder vorbereiteten verwenden. Topf mit 3 cm Wasser befüllen und aufkochen lassen. Birnen vierteln (mit Haut und Kernen) und hineingeben und mit schwarzem Sesam 10 Min. zugedeckt köcheln lassen. Mit dem Reis mischen.

3.44 Reis-Congee mit Hühnerleber und Bocksdornfrüchten

Gut bei Durchblutungsstörungen, Thrombose, Emboliegefahr, Bluthochdruck, Kopfschmerzen, Herzinfarkt und Schlaganfall. Enthält viele Vitamine und Mineralien und hat ein hochwertiges Aminosäurenprofil. Reguliert Blutdruck und Blutzuckerspiegel, stärkt Magen

Anzahl Portionen: 3
Kalorien p. Portion 176
Gramm p. Portion 307,67
Kochdauer ca. 3 Stunden
Allergene: EO
(Kohlehydrat:93,86% / Eiweiß & Fett:6,14%)
100g.≈ Eiweiß 7,51g. Fett:1,45g.
µg. - Ph:13,48 Na:8,14 Ka:12,68 Mg:88,73 Ca:84,13 Fe:0,25 Zn:0,05 Col.:1,44 Hsr.:7,24

Zutaten:
Grundrezept für eine Reissuppe (Congee) 5 Tassen / 800g. (ja)
Huhn Leber 1/2 Tasse / 60g. (ja)
Bocksdornfrüchte (Fructus Lycii) getrocknet 1/2 Tasse / 60g. (ja)
Sojasauce 1 Schuss / 3g. (ja)

Kochanleitung:
Grundrezept für Reis-Congee herstellen, Hühnerleber und Bocksdornfrüchte mitkochen und mit Sojasoße abschmecken.

3.45 Rhabarber-Apfel-Grütze

Liefert Antioxidantien und viel Vitamin C. Führt ab, kühlt Hitze, lindert Schmerzen, entgiftet, bakterizid, erwärmt Magen und Milz, fördert Durchblutung.

Anzahl Portionen: 2
Kalorien p. Portion 180
Gramm p. Portion 276,5
Kochdauer ca. 15 Min.
Allergene:
(Kohlehydrat:95,59% / Eiweiß & Fett:4,41%)
100g.≈ Eiweiß 1,2g. Fett:0,58g.
µg. - Ph:14,75 Na:1,5 Ka:93,5 Mg:7,43 Ca:12,73 Fe:0,29 Zn:0,07 Col.:0 Hsr.:6,21

Zutaten:
Rhabarber 200 g / 200g. (ja)
Apfelsaft (Naturtrüb) 300 ml. / 300g. (empfehlenswert)
Maisstärke 30 g. / 30g. (ja)
Honig 20 g. / 20g. (empfehlenswert)
Vanillezucker natur 1 Prise / 0,5g. (ja)
Zimtpulver 1 Prise / 0,5g. (ja)
Pfefferminze 2 Blätter / 2g. (ja)

Kochanleitung:
Die Maisstärke mit ½ Tasse Apfelsaft glattrühren. Den Rhabarber mit einer Tasse Wasser 10 Min. dünsten, den restlichen Apfelsaft zufügen, mit der angerührten Stärke abbinden und nochmals aufkochen. Mit dem Honig süßen und mit Vanille und Zimt würzen. Die Grütze auf Dessertschälchen verteilen und mit Minze garnieren.

3.46 Rinderbrühe mit Eigelb

Stärkt Muskeln, Sehnen und Knochen, senkt Blutdruck, bakterizid, stärkt Immunsystem.

Anzahl Portionen: 1
Kalorien p. Portion 174
Gramm p. Portion 275
Kochdauer ca. 5 Min.
Allergene: CO
(Kohlehydrat:79,01% / Eiweiß & Fett:20,99%)
100g.≈ Eiweiß 13,95g. Fett:11,42g.
µg. - Ph:95,65 Na:29,33 Ka:23,55 Mg:84,18 Ca:199,09 Fe:1,38 Zn:1,25 Col.:115,67 Hsr.:3,82

Zutaten:
Grundrezept für eine Rinderbrühe wärmend 1/4 Liter / 250g. (ja)
Huhn Eigelb 1 Stück / 25g. (ja)

Kochanleitung:
Rindersuppe (nach Grundrezept für eine Rinderbrühe hergestellt) aufwärmen und das Dotter darin verquirlen.

3.47 Rosmarinkartoffeln

Kartoffel stärkt die Milz, lindert Entzündungen, verbessert die Verdauung, regeneriert die Haut, ist harntreibend, senkt Cholesterinspiegel. Rosmarin fördert Verdauung, stärkt Lunge, Milz und Nieren.

Anzahl Portionen: 2
Kalorien p. Portion 189
Gramm p. Portion 216,5
Kochdauer ca. 30 Min.
Allergene:
(Kohlehydrat:76,49% / Eiweiß & Fett:23,51%)
100g.≈ Eiweiß 4,21g. Fett:5,25g.
µg. - Ph:23,02 Na:1,45 Ka:165,76 Mg:9,44 Ca:3,73 Fe:0,2 Zn:0,07 Col.:0,01 Hsr.:7,27

Zutaten:
Kartoffel 6-8 Stück / 420g. (ja)
Salz Kräutersalz 1 Prise / 1g. (wenig)
Olivenöl 1 EL / 10g. (ja)
Rosmarin 1 TL / 2g. (ja)

Kochanleitung:
Kartoffeln der Länge nach halbieren, mit etwas Olivenöl bestreichen, salzen, 2-3 Rosmarinnadeln auf jede halbe Kartoffel streuen, auf Backblech setzen und im vorgeheizten Backofen ca. 25 Min. bei 190 Grad backen.

3.48 Rotwein mit Eigelb

Zur Kräftigung nach Krankheit, zur Beruhigung und als Schlafmittel, als Schmerzmittel, bei Verstimmungen, bei Herz-Kreislauf-Störungen.

Anzahl Portionen: 1
Kalorien p. Portion 243
Gramm p. Portion 225
Kochdauer ca. 5 Min.
Allergene: CO
(Kohlehydrat:2,2% / Eiweiß & Fett:97,8%)
100g.≈ Eiweiß 4,22g. Fett:7,98g.
µg. - Ph:83,33 Na:8,33 Ka:108,67 Mg:10,67 Ca:23,56 Fe:1,33 Zn:0,51 Col.:140 Hsr.:0,67

Zutaten:
Rotwein 1 Glas / 200g. (ja)
Huhn Eigelb 1 Stück / 25g. (ja)

Kochanleitung:
Rohes Eigelb in Rotwein einschlagen.

3.49 Süß-pikanter Gerstensalat

Harntreibend, adstringierend, antibakteriell, beruhigend, entspannend, stärkt Magen, befeuchtet die Haut.

Anzahl Portionen: 2
Kalorien p. Portion 511
Gramm p. Portion 311,6
Kochdauer ca. 25 Min.
Allergene: AGHO
(Kohlehydrat:71,14% / Eiweiß & Fett:28,86%)
100g.≈ Eiweiß 8,52g. Fett:20,59g.
µg. - Ph:40,44 Na:5,43 Ka:101,3 Mg:14,71 Ca:15,53 Fe:0,43 Zn:0,13 Col.:0 Hsr.:13,49

Zutaten:
Wasser 200 g. / 50g. (ja)
Gerste 100 g. / 100g. (ja)
Apfel (sauer) 2 Stück / 300g. (empfehlenswert)
Trauben rot 1 Handvoll / 20g. (ja)
Datteln getrocknet 2 EL (entkernt) / 20g. (ja)
Mandeln 1 EL / 10g. (ja)
Curry 1 Prise / 0,2g. (ja)
Salz 1 Prise / 0,5g. (wenig)
Zitrone Saft 1 Stück / 20g. (ja)
Zitrone Schale 1/4 Stück / 2g. (ja)
Kakao 1 Prise / 0,5g. (ja)
Sahne, süß 30% 100 ml. / 100g. (empfehlenswert)

Kochanleitung:
Gerste in Wasser kochen und dann mit 2 süßen kleingeschnittenen Äpfeln, einer Handvoll roten Trauben, etwa 80 g entkernten Datteln, etwa 50 g gehackten Mandeln, etwas Curry, einer Prise Salz, Saft von 1 Zitrone, geriebener Zitronenschale und etwas Kakao gut vermischen und 1 Std. ziehen lassen. 100 ml Schlagsahne unterheben.
Empfehlung: im Sommer als erfrischende Abendmahlzeit.

3.50 Süßreis mit Äpfeln

Stoppt Durchfall, fördert Verdauung, regt Appetit an, stoppt Husten, ist harntreibend und liefert viele Antioxidantien.

Anzahl Portionen: 4
Kalorien p. Portion 155
Gramm p. Portion 345,25
Kochdauer ca. 25 Min.
Allergene: H
(Kohlehydrat:79% / Eiweiß & Fett:21%)
100g.≈ Eiweiß 4,48g. Fett:6,38g.
µg. - Ph:2,76 Na:0,17 Ka:7,5 Mg:1,36 Ca:1 Fe:0,04 Zn:0,02 Col.:0 Hsr.:1,19

Zutaten:
Reis Süßer 1 Tasse / 100g. (ja)
Wasser 6 Tassen / 600g. (ja)
Apfelsaft (Naturtrüb) 1 Tasse / 120g. (empfehlenswert)
Apfel (süß) 2 Stück / 300g. (empfehlenswert)
Aprikose 2 Stück / 200g. (empfehlenswert)
Zimtpulver 1 Prise / 0,3g. (ja)
Kardamom 1 Prise / 0,2g. (ja)
Ingwer Pulver 1 Messerspitze / 0,3g. (ja)
Salz 1 Prise / 0,3g. (wenig)
Zitrone 1/2 in Stücke geschnitten / 10g. (ja)
Kakao 1 Prise / 0,5g. (ja)
Mandelmus 2 EL / 20g. (ja)
Gerstenmalz 1 EL / 10g. (ja)
Haselnüsse 2 EL / 20g. (ja)

Kochanleitung:
Süßreis in heißem Wasser gar kochen. Den Apfelsaft erhitzen, süße Äpfel, Aprikosen oder anderes süßes Obst (neutral oder warm) kleingeschnitten zugeben und zusammen mit Zimt, Kardamom, geriebenem Ingwer, etwas Salz, geriebener Zitronenschale und wenig Kakao einige Minuten köcheln lassen. Süßreis mit etwas Mandelmus und Gerstenmalz erhitzen und mit gerösteten Nüssen bestreuen.

3.51 Tee aus Grüntee

Fördert Verdauung, harntreibend, löst Schleim, entgiftet, regt Nerven an, reduziert Blutfett, senkt Cholesterinspiegel, lindert Entzündungen.

Anzahl Portionen: 1
Kalorien p. Portion 3
Gramm p. Portion 122
Kochdauer ca. 10 Min.
(Kohlehydrat:20% / Eiweiß & Fett:80%)

100g.≈ Eiweiß 0,01g. Fett:0g.
µg. - Ph:5,61 Na:1,07 Ka:27,59 Mg:4,07 Ca:9,43 Fe:0,04 Zn:0,1 Col.:0 Hsr.:0

Zutaten:
Grüner Tee 1 TL / 2g. (ja)
Wasser 1 Tasse / 120g. (ja)

Kochanleitung:
Pro Tasse verwendet man einen Teelöffel voll oder einen Teebeutel. Grüntee nur mit 60-80 Grad heißem Wasser aufbrühen, da er sonst bitter wird. Soll der Tee eine anregende Wirkung haben, lässt man ihn 2-3 Min. ziehen. Eher beruhigend wirkt er bei einer Ziehdauer von 5 Min. (nicht länger, sonst wird er bitter!). Eine andere Methode: Man übergießt die Teeblätter mit ca. 70 Grad heißem Wasser und gießt es sofort wieder ab. Dann einfach noch mal heißes Wasser nachgießen. Die Bitterstoffe verschwinden und der Tee bekommt ein milderes Aroma.

3.52 Tee aus Schwarztee (Russischer Tee)

Schwarztee fördert Durchblutung.
Anzahl Portionen: 1
Kalorien p. Portion 8
Gramm p. Portion 125
Kochdauer ca. 10 Min.
(Kohlehydrat:2,52% / Eiweiß & Fett:97,48%)
100g.≈ Eiweiß 1,28g. Fett:0,26g.
µg. - Ph:11,92 Na:1,2 Ka:72,32 Mg:7,96 Ca:16,52 Fe:0,08 Zn:0,11 Col.:0 Hsr.:13,12

Zutaten:
Schwarztee 1 EL / 5g. (ja)
Wasser 1 Tasse / 120g. (ja)

Kochanleitung:
Pro Tasse verwendet man einen Teelöffel voll oder einen Teebeutel. Den Tee nur mit 60 bis 80 Grad heißem Wasser übergießen, da er sonst bitter wird. Soll der Tee eine anregende Wirkung haben, lässt man ihn 2 bis 3 Min. ziehen. Eher beruhigend wirkt er bei einer Ziehdauer von 5 Min. (nicht länger, sonst wird er bitter!). Eine andere Methode: Man übergießt die Teeblätter mit ca. 70 Grad heißem Wasser und gießt das Wasser sofort wieder ab. Dann einfach noch mal heißes Wasser nachgießen. Die Bitterstoffe verschwinden und der Tee bekommt ein milderes Aroma.

3.53 Tee aus Wacholderbeeren

Fördert Verdauung und Durchblutung, keimtötend, harntreibend, entwässernd, trocknet aus. Gut bei Appetitlosigkeit, Durchfall, Magen-Darmbeschwerden, Muskelrheuma, Nierenbeckenentzündung, Nierengrieß, Sodbrennen, Wassersucht.

Anzahl Portionen: 1
Kalorien p. Portion 11
Gramm p. Portion 128
Kochdauer ca. 10 Min.
(Kohlehydrat:52,24% / Eiweiß & Fett:47,76%)
100g.≈ Eiweiß 0,55g. Fett:0,44g.
µg. - Ph:11,84 Na:1,4 Ka:30,07 Mg:6,65 Ca:28,72 Fe:0,05 Zn:0,11 Col.:0 Hsr.:0

Zutaten:
Wacholderbeere 1 TL / 3g. (ja)
Wasser 1 Tasse / 125g. (ja)

Kochanleitung:
Pro Tasse 1 TL getrocknete Wacholderbeeren kalt ansetzen, kurz aufkochen und 15 Min. ziehen lassen, dann abseihen.
Dieser Tee wird ungesüßt und schluckweise langsam getrunken. Die Menge reicht für einen Tag.

3.54 Tomaten mit Mozzarella

Fördert Verdauung, hilft Fett zu verdauen, harntreibend, senkt Blutdruck. Hilft bei Appetitlosigkeit, Blähungen, Darmentzündungen, Übelkeit, ist entkrampfend und beruhigend.

Anzahl Portionen: 1
Kalorien p. Portion 436
Gramm p. Portion 217
Kochdauer ca. 5 min
Allergene: AG
(Kohlehydrat:36,98% / Eiweiß & Fett:63,02%)
100g.≈ Eiweiß 14,85g. Fett:30,32g.
µg. - Ph:90,53 Na:176,32 Ka:158,47 Mg:12,75 Ca:109,48 Fe:0,33 Zn:0,5 Col.:10,69 Hsr.:13,46

Zutaten:
Mozzarella 1 Stück / 50g. (ja)
Tomate 2 Stück / 100g. (ja)
Salz 1 Prise / 1g. (wenig)
Basilikum (frisch) 5 Blätter / 6g. (ja)
Olivenöl 2 EL / 20g. (ja)
Weißbrot (Weizenbrot) 2 Scheiben / 40g. (ja)

Kochanleitung:
Tomaten und Mozzarella in Scheiben schneiden. Auf Teller verteilen, salzen und mit Basilikum und Olivenöl anrichten. Dazu Weißbrot servieren.

3.55 Vanillecreme mit Beeren

Stärkt die Abwehr gegen Pilzinfektionen, abführend, entgiftend, blutreinigend. Gut bei Körperschwäche, chronischer Verstopfung, Gewichtsverlust.

Anzahl Portionen: 4
Kalorien p. Portion 282
Gramm p. Portion 272
Kochdauer ca. 15 Min.
Allergene: G
(Kohlehydrat:27,7% / Eiweiß & Fett:72,3%)
100g.≈ Eiweiß 13,39g. Fett:31,23g.
µg. - Ph:23,97 Na:6,5 Ka:32,71 Mg:3,46 Ca:21,12 Fe:0,1 Zn:0,02 Col.:0,41 Hsr.:1,8

Zutaten:
Topfen (Quark) 20% 400 g. / 400g. (ja)
Joghurt (natur, 1,5 % Fett) 150 g. / 150g. (ja)
Zucker braun 2 TL / 8g. (empfehlenswert)
Acerola Fruchtnektar oder Pulver 1 TL / 2g. (ja)
Vanillezucker natur 3 Paket / 3g. (ja)
Sahne, süß 30% 125 g. / 125g. (empfehlenswert)
Erdbeere 100 g. / 100g. (ja)
Himbeere 100 g. / 100g. (ja)
Brombeere 100 g. / 100g. (ja)
Heidelbeere 100 g. / 100g. (ja)

Kochanleitung:
Quark, Joghurt, Zucker, Acerola und Vanillezucker mit dem Handrührgerät oder Schneebesen glatt rühren. Sahne sehr steif schlagen, unter die Quarkcreme mischen und portionsweise mit den Beeren anrichten.

3.56 Vanillepudding

Gegen Verstopfung.
Anzahl Portionen: 2
Kalorien p. Portion 255
Gramm p. Portion 274,5
Kochdauer ca. 10 Min.
Allergene: G
(Kohlehydrat:67,17% / Eiweiß & Fett:32,83%)
100g.≈ Eiweiß 8,11g. Fett:8,88g.
µg. - Ph:44,27 Na:33,55 Ka:70,35 Mg:5,7 Ca:55,16 Fe:0,1 Zn:0,09 Col.:1,37 Hsr.:0

Zutaten:
Kuhmilch (Vollmilch 3,5 % Fett) 500 ml. / 500g. (empfehlenswert)
Puddingpulver Vanille 1 Paket / 37g. (ja)
Zucker (weiß, aus Rüben) 1 EL / 12g. (empfehlenswert)

Kochanleitung:
3-5 EL der Milch in eine Tasse geben und den Rest in einem Topf zum Kochen bringen. Das Puddingpulver zusammen mit dem Zucker und der Milch in der Tasse klümpchenfrei verrühren. Sobald die Milch kocht, die Mischung zugeben und unter ständigem Rühren auf kleiner Flamme ca. 3 Min. kochen. In vorbereitete Schälchen verteilen.

3.57 Vollmilch-Getreide-Brei

Entzündungshemmend, antiallergisch, kreislaufstabilisierend, stoffwechselregulierend. Senkt Blutzucker und Cholesterin, befeuchtet Darm, kühlt innere Hitze.
Anzahl Portionen: 1
Kalorien p. Portion 206
Gramm p. Portion 290
Kochdauer ca. 20 Min.
Allergene: AG
(Kohlehydrat:59,59% / Eiweiß & Fett:40,41%)
100g.≈ Eiweiß 8,98g. Fett:7,66g.
µg. - Ph:96,41 Na:73 Ka:144,97 Mg:18,31 Ca:88,66 Fe:0,42 Zn:0,33 Col.:4,14 Hsr.:6,62

Zutaten:
Kuhmilch (Vollmilch 3,5 % Fett) 200 ml. / 200g. (empfehlenswert)
Wasser 50 ml. / 50g. (ja)
Dinkel Flocken 20 g. / 20g. (ja)
Obstmischung Fruchtsaft 20 g. / 20g. (empfehlenswert)

Kochanleitung:
Die Milch mit den Vollkornflocken aufkochen und quellen lassen. Das pürierte Obst dazugeben Wechseln Sie zwischen Weizen, Hafer und Dinkelvollkornflocken sowie die Obstsorten. So erhalten Sie eine Vielfalt an Geschmacksrichtungen.

3.58 Zwetschgenkuchen

Entwässert den Körper, regt die Verdauung an, bindet Fette im Darm, lindert Schmerzen, entgiftet, bakterizid, beugt Krebs vor. Gut bei Appetitlosigkeit, Blähungen, Darmentzündung, Fettsucht, Gicht, Magengeschwür, Magenkrampf, Rheuma, Sodbrennen.

Anzahl Portionen: 6
Kalorien p. Portion   503
Gramm p. Portion   307,83
Kochdauer ca.   1 Stunde
Allergene: AG
(Kohlehydrat:71,38% / Eiweiß & Fett:28,62%)
100g.≈ Eiweiß 12,33g. Fett:19,28g.
µg. - Ph:15,91 Na:4,6 Ka:32,67 Mg:3 Ca:5,23 Fe:0,16 Zn:0,02 Col.:0,05 Hsr.:8,3

Zutaten:
Topfen (Quark) 20% 200 g / 200g. (ja)
Weizen Mehl 400 g. / 400g. (ja)
Kuhmilch (Vollmilch 3,5 % Fett) 6 EL / 70g. (empfehlenswert)
Rapsöl 6 EL / 70g. (ja)
Honig 8 EL / 100g. (empfehlenswert)
Backpulver 1 Paket / 3g. (ja)
Salz 1 Prise / 1g. (wenig)
Zimtpulver 1 TL / 3g. (ja)
Zwetschken 1 Kg / 1000g. (ja)

Kochanleitung:
Mehl, Quark, Milch, Öl, Honig, Salz und Backpulver zu einem glatten Teig verrühren. Den Teig 15. Min. kühl stellen und quellen lassen. Auf einem mit Backpapier ausgelegten Backblech den Teig auslegen, die Pflaumen gleichmäßig darauf verteilen und mit dem Zimt bestreuen. Für ca. 40 Min. bei 190 Grad backen.

4 Wirkung der Lebensmittel

4.1 Zutaten verwenden: empfehlenswert

Ahornsirup
Aloesaft
Apfel (sauer)
Apfel (süß)
Apfelmus
Apfelsaft (Naturtrüb)
Aprikose
Astronautenkost
Beerensaft
Birnensaft
Bitter Lemon
Butterschmalz
Clementinen
Fruchtzucker (Fruktose, Traubenzucker)
Gewürznelke
Heidelbeersaft
Honig
Kirschenkompott
Kirschsaft
Kompott (Früchte der Saison)

Kuhmilch (Vollmilch 3,5 % Fett)
Mangosaft
Marillensaft
Obstmischung Fruchtsaft
Orangensaft
Sahne sauer 30%
Sahne, süß 30%
Sauermilch
Sauerrahm 15% Fett
Traubensaft rot
Traubensaft weiß
Walnüsse
Walnüsse geröstet
Zucker (Staubzucker)
Zucker (weiß, aus Rüben)
Zucker braun
Zucker Kandis weiß
Zucker Melasse
Zucker Palmzucker
Zucker Ursüße (Zuckerrohr) süß

4.2 Zutaten verwenden: ja

Aal
Acerola Fruchtnektar oder Pulver
Adzukibohnen
Agar-Agar, Agartang
Agavendicksaft
Amaranth
Amaranth POPS
Ananas
Ananassaft ungezuckert
Andornkraut
Angelikawurzel
Anis (gemeiner Fenchel)
Aprikose getrocknet
Aprikosen Marmelade
Aprikosennektar
Artischocke
Aubergine
Austern
Austernpilze
Austernschalenpulver
Avocado
Backpulver

Baldrian
Bambussprossen
Banane
Banane Kochbanane
Banchatee
Bärentraubenblätter
Bärlauch (Knoblauchspinat)
Barsch
Basilikum
Basilikum (frisch)
Bataviasalat
Beeren der Saison
Benediktinerdistel
Berberitzenrindetee
Bier (alkoholarm)
Bier (alkoholfrei)
Birne
Bitterklee
Bitterorangenschale
Blätterteig
Blattsalate (bitter)
Blumenkohl (Karfiol)

Blütenpollen
Bocksdornfrüchte (Fructus Lycii) getrocknet
Bockshornklee
Bohnen (grün, frisch)
Bohnenkraut
Bohnenöl
Borretsch
Borretschöl
Boxhornkleesamen
Bratöl
Brennnessel
Brie
Brokkoli
Brombeerblätter
Brombeere
Brombeere getrocknet (unreife)
Brombeermarmelade
Brösel (Weizenbrot, Semmel)
Brot mit Johannisbrotkernmehl
Brötchen (Semmel)
Buchweizen
Buchweizen (geröstet) Kasha
Buchweizen Vollkorn
Bulgur (Getreide)
Buschbohnen
Butter (halbfett)
Butter Bio
Butterbohnen weiße
Buttermilch
Calamari
Camembert
Cashewnüsse
Champignon
Channa-Dal
Chenpi (chinesische Mandarinenschale)
Chicorée
Chili (Schote oder gemahlen)
Chinakohl
Chlorella (Süßwasser)
Chrysanthemenblütentee
Colagetränk
Couscous
Cranberries
Creme fraiche
Cumin (Kreuzkümmel)
Curry
Currypaste rot
Dashi
Datteln getrocknet
Datteln rot
Dill
Dinkel
Dinkel Brot
Dinkel Flocken
Dinkel Gries
Dinkel Vollkornmehl
Distelöl
Dornhai (Seeaal, Schillerlocken)
Dorsch
Dulse (Lappentang)
Edamer
Eibennuss
Eibisch (Hibiscus)
Eisbergsalat
Emmentaler
Endiviensalat
Ente (Frühmastente, schlachtfrisch)
Ente (Herz)
Entenei
Enzianwurzel
Erbse, grün
Erbsen
Erdbeere
Erdbeermarmelade
Erdbeersaftgetränk
Erdnuss (geröstet)
Erdnussbutter
Erdnüsse
Erdnussöl
Essig (Apfelessig)
Essig (Rotweinessig)
Essig Aceto Balsamico
Essig Aceto Balsamico weiss
Essiggurke
Estragon
Färberdiestel (Hong Hua)
Färberginsterkraut
Fasan
Feige
Feige getrocknet
Feldsalat
Fenchel
Fenchelsamen gemahlen
Fencheltee
Feta
Fisch Innereien
Fischreste
Fischsouce
Fischstücke gemischt (Süßwasser)
Flaschenkürbis
Flohsamen
Flunder
Forelle
Forelle (geräuchert)
Frischkäse
Frischkäse aus Soja

Frischkäse mit Kräuter
Früchtetee
Gagelpflaume
Galgant
Gans
Gans (Gänseklein)
Gans (Gänseschmalz)
Gänseblümchen
Gänseblut
Gänseei
Garam Masala Pulver
Garnele
Gelatine weiss
Gelee Royal
Gemüsesaft
Gerste
Gerste (Nacktgerste)
Gerste (Perlgerste)
Gerstengras Pulver
Gerstengraupen
Gerstengrütze
Gerstenmalz
Gerstenmehl
Getreidekaffee
Ginkgofrucht
Ginsengwurzel
Glühweingewürzmischung
Gorgonzola
Gouda
Granatapfel
Grapefruit getrocknete Schale
Grapefruit/Pampelmuse/Pomelo
Grapefruitsaft
Graskarpfen
Grüner Tee
Grünkern
Guave
Gurke
Gurke (bitter)
Gurke (Gewürzgurke)
Hafer
Hafer Flocken (Vollkorn)
Hafer Flocken geröstet
Hafer Mehl
Hafer Milch
Hafer Schmelzlocken (Babynahrung)
Hafer Schrot
Hagebutte
Hagebuttentee
Haifisch
Hammel
Hase
Hase, wild
Haselnüsse

Hefe
Heidelbeere
Heidelbeere getrocknet
Heidelbeermarmelade
Heilbutt
Hering
Hibiskustee
Hijiki
Himbeerblättertee
Himbeere
Himbeere getrocknet (unreife)
Himbeermarmelade
Hiobsträne (Samen) YiYi Ren
Hirsch Fleisch
Hirsch Knochen
Hirsch Nieren
Hirse
Hirseflocken
Hokkaidokürbis
Holunderbeeren
Holunderblütentee
Honigmelone
Hopfen
Huhn Blut
Huhn Ei
Huhn Eigelb
Huhn Eiweiß
Huhn Fleisch
Huhn Herz
Huhn Leber
Huhn Magen
Hummer
Hüttenkäse
Ingwer frisch
Ingwer Pulver
Ingweröl
Jakobstränen
Jasminblütentee
Joghurt (natur, 1,5 % Fett)
Joghurt (natur, 3,5 % Fett)
Johannisbeere (rot)
Johannisbeere (schwarz)
Johannisbeere (weiß)
Johannisbeermarmelade (rot)
Johannisbeermarmelade (schwarz)
Johannisbeernektar (schwarz)
Johannisbrotkernmehl
Kabeljau
Kaffee
Kaffeeweißer
Kakao
Kaki-Pflaume
Kaktusfeige
Kalmus

Kamille
Kaninchen Fleisch
Kaninchen Leber
Kapern (eingelegt)
Kapuzinerkresse
Karambole/Sternfrucht
Karausche
Kardamom
Karotte (Frühkarotte)
Karotte (Mohrrübe, Möhre)
Karottensaft ohne Zucker
Karpfen
Kartoffel
Kartoffel (mehlige)
Kartoffelmehl
Käsepappeltee
Kastanien (Maronen)
Kaviar
Kefir
Kerbel
Kerbel getrocknet
Kichererbsen
Kirsche
Kirsche (sauer)
Kiwi
Klementine
Klettenwurzeltee
Knäckebrot
Knoblauch
Kohlrabi
Kohlrübe
Kokosfett
Kokosflocken
Kokosmilch
Kokosnussfleisch
Kokosraspeln
Kombualge
Kopfsalat
Koriander
Koriandergrün
Korinthen (rot)
Korinthen (schwarz)
Krabbe
Krake
Kräuter bittere
Kräuter der Provence
Kräuter verschiedene
Kräuter Wildkräuter
Kräuterteemischung
Kresse
Kuhmilch (1,5 % Fett)
Kukichatee
Kümmel
Kümmel gemahlen

Kumquat
Kürbis
Kürbiskerne
Kürbiskernöl
Kurkuma (Gelbwurz)
Kuzu
Lachs
Lamm Fleisch
Lamm Knochen
Lamm Leber
Lamm Nieren
Lamm Schulter
Languste
Lauch (Porree)
Lauchzwiebel Schnittlauch
Laugengebäck
Lavendelblüten
Leberglättertee
Leinöl
Leinsamen
Leinsamen (geschrotet)
Liebstöckel
Liebstöckelsamen
Limabohnen
Lindenblütentee
Linsen (Helmbohnen)
Linsen gelb
Linsen rot
Linsen schwarz
Löffelbiskuit
Longane
Loquate/Japanische Mispel
Lorbeerblatt
Lotossamen
Lotoswurzeln
Löwenzahn (junger)
Löwenzahnsaft
Löwenzahnwurzeltee
Luohan-Frucht
Lychee
Lychee (Konserve)
Magermilchpulver
Mais
Mais (geröstet)
Mais (Schnellpolenta)
Mais Gries (Polenta)
Mais Mehl (Maizena)
Maishaartee
Maiskeimöl
Maisstärke
Majoran
Makannastern Samen
Makrele
Malventee

Malz
Mandarine
Mandelmilch
Mandelmus
Mandeln
Mandeln Marzipan
Mango
Mangold
Mangopulver
Maniokmehl
Margarine
Margarine (Diät)
Marillen
Maulbeerfrucht
Mayonnaise 50%
Mayonnaise 80%
Meeräsche
Meereskrebs
Mehrkornbrot (Graubrot)
Melisse
Miesmuscheln
Mineralwasser
Mirabelle
Miso
Miso schwarz (fermentiert)
Mispel
Mittelmeerfisch (Kabeljau, Scholle, Schellfisch, Seeaal, Makrele)
Mixed Pickels
Mohn
Molke
Moosbeere
Morchel (schwarz, getrocknet)
Mozzarella
Mu-Erh-Pilz
Mungbohne
Mungbohnensprossen
Muskatnuss
Müsli
Nachtkerzenöl
Nektarine
Nelke
Nierenbohnen (rote)
Nori, Purpurtang, Rotalge
Nudeln (Vollkorn) mit Ei
Nudeln (Weizen) mit Ei
Nudeln (Weizen, Bandnudeln) mit Ei
Nudeln (Weizen, Lasagneblätter) mit Ei
Nudeln (Weizen, Spagetti) mit Ei
Odermennig
Okra
Oliven
Oliven grün
Olivenöl

Orange
Orange abgeriebene Schale
Orange getrocknete Schale
Orange Schale
Orangenblüten
Orangenmarmelade
Oregano frisch
Oregano getrocknet
Palmöl
Papaya
Paprika
Paprika (Rosenpaprikapulver)
Paprika (süß)
Paranuss
Parmesan
Passionsblumenblütentee
Passionsfrucht (Maracuja)
Pastinake
Peperoni
Peperoni, gelb, entkernt, halbiert
Peperoni, rot, entkernt, halbiert
Petersilie
Petersilienwurzel
Pfeffer Cayenne
Pfeffer Körner
Pfeffer weiss (gemahlen)
Pfefferminze
Pfefferminztee
Pfeilwurzelmehl
Pferd Fleisch
Pfifferlinge/Eierschwammerl
Pfirsich
Pfirsich (Dose)
Pflaume
Pflaume getrocknet
Piment
Pinienkerne
Pintobohnen gesprenkelt
Pistazien
Preiselbeere
Preiselbeermarmelade
Preiselbeersaft
Puddingpulver Vanille
Pumpernickel
Pute Brustfleisch
Pute Schinken
Qualle
Quargel 20%
Quinoa
Quitte
Radicchio
Radieschen
Rapsöl
Reh Fleisch

Reineclaude
Reis Basmatireis
Reis Duftreis
Reis Gaoliangreis (Sorghum)
Reis Klebreis
Reis Langkornreis
Reis Reisschleim
Reis Roter
Reis Rundkornreis
Reis Schwarzer
Reis Sorte beliebig
Reis Süßer
Reis Vollkorn
Reis Wilder (Naturreis)
Reishi
Reismalz
Reismehl
Reisnudeln
Reisstärke
Rettich (weiß, grün, lila-rot)
Rettich Meerrettich (Kren)
Rettich schwarz
Rettichblätter (vom Wochenmarkt)
Rhabarber
Rind (Kalb)
Rind Filet
Rind Fleisch
Rind Fleischknochen
Rind Herz
Rind Herz (Kalb)
Rind Knochenmark
Rind Leber
Rind Lunge (Kalb)
Rind Magen
Rind Niere
Rind Ochsenschwanzstücke
Rind Suppenfleisch
Roggen
Roggen Vollkornbrot
Roggenmehl
Römersalat/Lattich-Salat
Rosenblättertee
Rosenblütentee
Rosenkohl
Rosinen
Rosmarin
Rotbarsch
Rote Grütze (ohne Zucker)
Rote Rübe
Rotkohl
Rotwein
Safran
Sago (Getreide)
Sahne 10% Kaffeesahne

Sahne sauer 10%
Sahne sauer 20%
Sake
Salbei
Sanddorn
Sardellen/Sardine
Saubohnen (Dicke Bohnen)
Sauerampfer
Sauerkirsche
Sauerkraut
Sauerteig
Schaffleisch
Schafgarbe
Schafgarbentee
Schafmilch Joghurt
Schafskäse
Schafsmilch
Schimmelkäse
Schlehdorn
Schmelzkäse 12%
Schmelzkäse 30%
Schnecke
Schokolade
Schokolade (Diabetiker)
Scholle
Schwarzaugenbohnen
Schwarze Bohnen
Schwarzer Fungu Pilz
Schwarzkümmel
Schwarztee
Schwarzwurzel
Schwedenkraut (Schwedenbitter)
Schwein Blut
Schwein Bratwurst
Schwein Darm
Schwein Fett
Schwein Fleisch
Schwein Haut
Schwein Haxe (Eisbein)
Schwein Herz
Schwein Hirn
Schwein Leber
Schwein Lunge
Schwein Magen
Schwein Markknochen
(Röhrenknochen)
Schwein Mettwurst
Schwein Nieren
Schwein Schinken
Schwein Schinken gekocht
Schwein Schinken geselcht
Schwein Schinkenspeck
Schwein Schmalz
Seegurke

Sellerie Knolle
Sellerie Stangensellerie
Senf
Senf Dijon
Senf mittelscharf
Senf süß
Senfsamen
Sesam Paste (Tahini)
Sesam, Schwarzer
Sesam, Weißer
Sesamöl
Sesamöl geröstet
Shiitake, getrocknet
Shrimps
Silbermorchel, getrocknet
Soja Cuisine (Soja-Sahne)
Soja Tofu
Soja Tofu geräuchert
Sojabohne
Sojabohnen, Gelbe
Sojabohnen, Schwarze
Sojabohnen, Schwarze, fermentiert
Sojabohnenmilch
Sojacreme
Sojamehl
Soja-Nudeln
Sojaöl
Sojapaste (Miso)
Sojasauce
Sonnenblumenkerne
Sonnenblumenöl
Spargel (grün oder weiß)
Speiserüben
Spinat
Spitzwegerichtee
Stachelbeere
Stangenbohnen (Fisolen)
Steinpilz/Herrenpilz
Sternanis
Stevia (Süßkraut)
Stutenmilch
Süßholzwurzeltee
Süßkartoffel
Süßwasserfisch
Süßwasserkrebs
Tabasco
Taube
Taube Ei
Teemischung Harnsäuresenkend
Thunfisch
Thymian
Thymian getrocknet
Tintenfisch
Toastbrot (Vollkorn)

Tomate
Tomate getrocknet
Tomatenmark
Tomatenpüre
Tomatensaft
Tonicwasser
Topfen (Quark) 20%
Topfen (Quark) 40%
Trauben rot
Trauben weiß
Traubenkernöl
Trüffel
Tsampa (geröstetes Gerstenmehl)
Umeboshipaste
Umeboshipflaumen (Japanaprikosen)
Vanille
Vanillepulver
Vanilleschote
Vanillezucker natur
Vogelmiere
Vogerlsalat (Pflücksalat)
Vollkornbrot
Vollkornbrot mit ganzen Körner
Vollkornmehl
Wacholderbeere
Wachskürbis
Wachtel
Wachtel Ei
Wakame
Walderdbeeren
Walnussöl
Wasser
Wasser heiss
Wassermelone
Weißbrot (Weizenbrot)
Weißbrot Baguette
Weißbrot Brösel (Weizenbrot)
Weißbrot Knödelbrot (Weizenbrot)
Weißbrot Salzstangerl
Weißbrot Semmel
Weißdorn
Weiße Bohnen
Weißfischchen
Weißkohl/Weißkraut
Weißwurz
Weizen
Weizen Bulgurweizen
Weizen Fladenbrot
Weizen Flocken
Weizen Gras Pulver
Weizen Gries
Weizen Gries - Kindergries
Weizen Mehl
Weizen Mehl Vollkorn

Weizen/Roggen Grau- Schwarzbrot mit Hefe
Weizengrassaft
Weizenkeimöl
Weizenkleie
Wermutkraut
Wildkräuter
Wildschwein Fleisch
Wirsing/Grünkohl
Yamswurzel, Yamswurzelknolle
Yogitee
Ysop
Ziege
Ziegen- und Schafsblut
Ziegen- und Schafshirn
Ziegen- und Schafsleber
Ziegen- und Schafsmagen
Ziegen- und Schafsmilch
Ziegenkäse
Zimtpulver
Zimtstange
Zitrone
Zitrone Saft
Zitrone Schale
Zitrone, Limette
Zitronengras
Zitronenmelisse (frisch)
Zitronenmelisse (getrocknet)
Zucchini
Zucker Fructose Fruchtzucker
Zucker Glukose Traubenzucker
Zucker Milchzucker
Zuckerersatz (Süßstoff)
Zwetschken
Zwieback
Zwiebel Frühlingszwiebel
Zwiebel rot
Zwiebel Schalotte
Zwiebel weiss

4.3 Zutaten verwenden: wenig

Aal geräuchert
Ananas (aus der Dose)
Bier (Altbier)
Bier (Pils)
Bitterlikör
Campari
Colagetränk (kalorienarm)
Fernet Branca (Kräuterbitterlikör)
Ginsenglikör
Honigwein (Met)
Lycheelikör
Malzbier
Martini
Prosecco
Rum
Salz
Salz Kräutersalz
Schnaps
Sherry
Weißwein
Weizen Bier
Wermut

5 Komplementär

5.1 Dekokt (Abkochung)

5.1.1 Ginkgoblätter

Hochwirksames Antioxidans. Gut gegen zerebrale Durchblutungsstörungen, Bluthochdruck, Angina Pectoris, Arteriosklerose, Asthma, Atemnot.
Studien belegen die Wirkung von Ginko-Bilbao-Konzentrat als hochwirksames Antioxidans, welches gesunde Zellen vor Nebenwirkungen des Chemotherapie-Medikaments Adriamycin schützen kann. Ginko wirkt tumorhemmend in Kulturen von Mund- und Leberkrebszellen und schützte im Tierversuch Ratten vor chemisch hervorgerufenen Darmkrebs.

5.1.2 Ginsengwurzel

Löscht Durst, beruhigt Nerven, baut Gehirn auf, wirkt anregend und stimulierend, fördert die Sekretion, verbessert die Immunreaktion, reguliert den Blutdruck und den Blutzucker.
5-10 g in einer Dosis morgens auf leeren Magen trinken
Den Sud in einem Topf 30-60 Minuten kochen. Für eine Tinktur 50-60 g hochwertigen Ginseng in 1 Liter Alkohol 2-4 Monate ziehen lassen, dann 25-30 ml 1- oder 2-mal täglich auf leeren Magen einnehmen.
Im Tierversuch mit Aflatoxin-verursachtem Krebs zeigen Tiere die Ginseng bekamen eine um 75% geringere Wahrscheinlichkeit an Leberkrebs und eine um 29% geringere Wahrscheinlichkeit an Lungenkrebs zu erkranken als Tiere die kein Ginseng bekamen. Mehrfach bewies Ginseng im Tierversuch günstige Wirkung auf Lungenkrebs. Ginseng zeigte sich außerdem aktiv gegen in Tiere implantierte menschlicher Eierstockkrebszellen und schützte Mäuse vor Leberkrebs.

Laut einer koreanischen Studie mit 1987 Teilnehmern konnte die regelmäßige Einnahme von Panax-Ginseng das Krebsrisiko abhängig von der Krebsart halbieren (wobei sich jedoch leider kein solcher Zusammenhang bei Brustkrebs, Gebärmutterhalskrebs, Blasenkrebs und Schilddrüsenkrebs zeigte). Menschen die ein Jahr lang Ginseng zu sich genommen hatten, besaßen ein um 36% geringeres Krebsrisiko. Bei 5-jähriger Einnahme war die Krebsrate sogar um 69% geringer.

Wie man sieht, können sowohl gesunde als auch von Krebs betroffene Menschen von Ginseng profitieren, wobei die Kosten jedoch einen nicht unerheblichen Faktor darstellen. Dazu kommt, dass die recht uneinheitlichen Standards für Reinheit und Stärke vom Konsumenten etwas Recherche einfordern.
Nicht verwenden: zusammen mit Rettich und Tee, Erkältungen, Pneumonie oder anderen Lungeninfektionen, Unverträglichkeit mit: Eisen oder anderen Metallbestandteilen, Amethyst, Milchprodukten.

5.1.3 Ingwer frisch

Treibt Schweiß, reduziert Blutfett, regt an, lindert Erbrechen, fördert den Speichelfluss, stärkt das Herz, wirkt schleimlösend.
1–6 Scheiben der frischen Wurzel 3 Min. in einer Kanne Wasser ziehen lassen. 10 g in zwei Dosen auf leeren Magen trinken.
Zur Geschmacksverbesserung eignet sich brauner Rohzucker
Besonderheiten: In der TCM wird die frische Ingwerwurzel hauptsächlich gegen Fischvergiftung sowie Erkältungen von Lunge und Magen verwendet. Da Ingwer die Nährstoffaufnahme fördert, wird er häufig in unterschiedlichen Rezepturen eingesetzt, um die rasche Aufnahme anderer Kräuter zu erleichtern und deren Wirkung dadurch zu verstärken. Ingwer enthält das verdauungsfördernde Enzym Zingibain. Die verdauungsfördernde Wirkung dieses Stoffes ist stärker als die des Enzyms Papain.
In zu großen Mengen führt Ingwer zu Verstopfung, Nicht anwenden bei: Schwangerschaft, hohem Fieber.

5.1.4 Wacholderbeeren

Fördert Verdauung. Gut gegen Appetitlosigkeit, Müdigkeit, Rheuma, Gicht, Abwehrschwäche, Reizblase. Harnregulierend.
2 Teelöffel des Tees mit 250 ml kochendem Wasser übergießen und 10 Minuten ziehen lassen. Danach absieben. Nach Bedarf 2 bis 3 Tassen pro Tag trinken.
Verwendung: Tee, würzen

Überdosierung meiden, Schwangere und akuten Nierenkranke sollten verzichten. Bei äußerlicher Einwirkung kann es zu einer Entzündung der Haut mit Blasenbildung kommen.

5.2 Heilbad

5.2.1 Bad mit Kamille

Entzündungshemmend, antibakteriell, krampflösend,

wundheilungsfördernd. Beruhigender Effekt auf die Psyche.
Für ein Bad können ca. 40-60g getrocknete Kamillen als Sud oder je nach Gebrauchsanweisung Kamillenextrakt verwendet werden.

5.3 Heil-Tee (Aufguss)

5.3.1 Cannabis

Hohe Effizienz bei der Bekämpfung von Chemotherapie bedingten Nebenwirkungen. Schmerzlindernd.
Ein unverständlicherweise immer noch leicht kontroverses Thema ist die Anwendung des vergleichsweise mild wirkenden Marihuanas bei Krebs, besonders wenn man sich mal Folgen und Umfang des alltäglichen klinischen Einsatzes von Morphium -einer dem Heroin verwandten Substanz- vor Augen führt. Marihuana zeigte im Tierversuch direkt tumorhemmende und Lebensverlängernde Wirkung. Außerdem unterdrückt der im Cannabis enthaltene Wirkstoff Delta-9-Tetrahydrocannabinol (THC) offenbar die Reproduktion von Gamma-Herpesviren, welche im Verdacht stehen Krebs auszulösen. Das Haupteinsatzgebiet von Cannabis bei Krebs ergibt sich allerdings aus seiner hohen Effizienz bei der Bekämpfung von Chemotherapie bedingten Nebenwirkungen. In der Vergangenheit wurden zwar eine Reihe von Medikamenten -in der Regel Phenothiazine und Butyrophenone- entwickelt welche diese Nebenwirkungen, üblicherweise Übelkeit und Erbrechen, mehr oder weniger erfolgreich unterdrücken sollten, jedoch scheint nach Aussage von Wissenschaftlern die Wirkung von Cannabis diesen Substanzen klar überlegen zu sein, wobei es jedoch manchmal Dosierungen bedarf, die einen Einfluss auf das Zentralnervensystems möglich erscheinen lassen, d.h. es kann zu einem leichten Rausch kommen. In einer randomisierten Doppelblindstudie wurde 23 Kindern in Chemotherapie das synthetische Cannabinoid 'Nabilon' als Mittel gegen ihre Chemotherapie bedingten Nebenwirkungen verabreicht. 18 von ihnen schlossen die Studie erfolgreich ab. Sie litten dabei alle unter weniger Übelkeit und Erbrechen als die Kinder der Kontrollgruppe. Bei 2/3 von ihnen zeigte sich außerdem Nabilon vergleichbaren Mitteln gegenüber als überlegen. Nebenwirkung waren Schläfrigkeit und Benommenheit.
Es kann zu einem leichten Rausch kommen. Die Resorption anderer, gleichzeitig eingenommener Arzneimittel kann verlangsamt oder behindert werden. bei Überdosierung: Übelkeit, Erbrechen, Diarrhöe, Gereiztheit.

5.3.2 Kümmel
Fördert Verdauung. Gut gegen Appetitlosigkeit, Magenschwäche, Diarrhöe, Übelkeit, Darmkoliken, Magenkrämpfe, Husten.

5.3.3 Ringelblumenblüten
Krampflösende Wirkung. Gut bei Hauterkrankungen, Verdauungsstörungen, Schwäche, Hypotonie, Magengeschwüre, Gastritis, Blutungen im Verdauungstrakt. Menstruationsbeschwerden, Infektionskrankheiten.
Wirkstoffe: Äth. Öle, Calendula-Sapogenin, Saponine, Glykoside, Caratonoide, Xanthophylle, Bitterstoffe, Schleime, Flavonoide, Fermente, org. Säuren.
Die berühmte Ringelblumensalbe heilt Hautausschläge, Wunden, Entzündungen und Krampfadern. Ringelblumentee löst Krämpfe bei Bauchschmerzen und Menstruationsproblemen und er fördert die Gallensekretion.

5.3.4 Rooibos
Antioxidativ, entzündungshemmend, krebshemmend, schützt durch enthaltene Flavonoide, positive Wirkung auch auf Alzheimer, Arteriosklerose. Antiallergisch, hemmt die Histaminausschüttung. Antibakteriell, antiviral, antifungal, entgiftend (basisch).
3-4 Teelöffel Rooibos mit einem Liter kochendem Wasser überbrühen und 6-10 Min. ziehen lassen. Bei weichem Wasser benötigen Sie weniger Tee für die Zubereitung, bei härterem Wasser empfehlen wir eine höhere Dosierung.

5.3.5 Schiefer Schillerporling, Chaga oder Tschaga
Der Extrakte aus den Knollen stimuliert das Immunsystem, wirkt entzündungshemmend und schützen die Leber und die Bauchspeicheldrüse.
Der Chaga zählt, durch seinen hohen Gehalt an Glucanen zu den Substanzen, die in der Lage sind, regulierenden und regenerativen Einfluss auf biochemische Abläufe im Organismus zu nehmen. Dies bedeutet unter anderem, Überfunktionen wie bei einer Allergie oder Psoriasis nach unten und Unterfunktionen, z.B. im Alter, nach oben zu regulieren.

5.3.6 Wermut
Gut gegen Appetitlosigkeit, Verdauungsschwäche, Magenkrämpfe, Blähungen, Gastritis, Erschöpfung, Reizbarkeit, Medikamenten- und Nahrungsmittelunverträglichkeit, Fieber, Grippale Infekte, Parasiten.

1 TL auf 1/2l Wasser
Wermut - Wird nicht nur verwendet, um Würmer zu eliminieren; er ist außerdem eine höchst wirksame Leber- und Verdauungshilfe. Er ist auch dabei behilflich, Blockaden zu entfernen, die eine träge Menstruation erzeugen. Es ist immer am besten, dieses Kräutermittel in Verbindung mit anderen Kräutern einzunehmen.
Medizinische Anwendungen: Blutarmut, Arthritis, Blähungen, Kreislauf, Erkältungen, Verstopfung, Depression, Ödeme, Ohrenschmerzen, Fieber, Frauenleiden, Winde, Gallenblase, Gallensteine, Gicht, Herzbrennen, Hepatitis, Gelbsucht, Nierenleiden, morgendliche Übelkeit, Übelkeit, Fettleibigkeit, Parasiten, Rheumatismus, Magenleiden, Würmer.
Eigenschaften: Abortiv wirkend, alterativ, Appetit fördernd, Wurmmittel, antibiotisch, Anti-Depressionsmittel, entzündungshemmend, fiebersenkend, antiseptisch, aromatisch, Bittertonikum, Mittel gegen Blähungen, galletreibend, verdauungsfördernd, Eintritt der Monatsblutung förderndes Mittel, magenstärkend, Wurmmittel.
Nicht in der Schwangerschaft verwenden. Es ist immer am besten, dieses Kräutermittel in Verbindung mit anderen Kräutern einzunehmen.

5.4 Kapseln

5.4.1 Holunderschwamm, Chinesische Morchel, Mu Erg

Ähnlich entzündungshemmender Effekt wie Aspirin, diesem gegenüber jedoch die klaren Vorteile, weder die Blutgefäße zu beschädigen noch die Produktion der Magenschleimhaut zu hemmen. Er wirkt befeuchtend auf die Schleimhäute.
Der Mineralstoff- und Spurenelementanteil beträgt ca.5,4% des getrockneten Pilzes. Davon ist ca. ein Drittel Kalium, gefolgt von Kalzium, Natrium, Silizium, Magnesium und Phosphor. An Vitaminen ist momentan nur Vitamin B1 zu nennen. Der Pilz enthält reichlich ß-D-Glucane, Polysaccharide, Glykoproteine und Aminosäuren.

5.5 Komplementäre Anwendung

5.5.1 Apitherapie

Die Heilwirkung von Honig, Propolis, Blütenpollen, Gelee Royale und Bienengift: Propolis hat starke antibakteriellen, pilzhemmende und antiallergischen Eigenschaften und unterstützt dadurch jeden Heilungsprozess.
Das Heilen mit Bienenprodukten ist eine der ältesten Therapieverfahren. Die Heilwirkung von Honig, Propolis, Blütenpollen, Gelee Royale und Bienengift sind lange bekannt. Propolis hat starke antibakteriellen,

pilzhemmende und antiallergischen Eigenschaften und unterstützt dadurch jeden Heilungsprozess. Blütenpollen ist aufgrund seines Reichtums an essenziellen Aminosäuren, sekundären Pflanzenstoffen (u. a. Flavonoide), organisch gebundenen Mineralstoffen und Vitaminen ein wichtiges Mittel zur Stärkung der Abwehrkräfte. Das Wachstum von Krebszellen (Neuroblastom) könnte gehemmt werden. Der Wirkstoff Artepillin C soll die Bildung neuer Blutgefäße im Tumor hemmen, was zum Aushungern und damit zur Schrumpfung führen kann. Heute weiß man, dass die Entstehung bestimmter Krebsarten im Zusammenhang mit Viren steht. In dem Propolis seine antivirale Wirkung entfaltet, kann eine krebsvorbeugende und krebshemmende Wirkung entstehen.

5.5.2 Ayur Veda

Ayurveda ist eine Kombination aus empirischer Naturlehre und Philosophie, welche die Ausgewogenheit des Körpers anstrebt.
Ayurveda hat einen ganzheitlichen Anspruch, da der ganze Mensch mit einbezogen wird. Es werden pflanzliche Heilmittel verabreicht, welche eingenommen oder aufgetragen werden. Dadurch werden Organe gestärkt oder eine Entgiftung/Entschlackung angeregt.
Speziell bei Krebs wird das Ungleichgewicht verschiedener Elemente beschrieben und behandelt. Die Methoden der Schulmedizin mit Chirurgie, Strahlentherapien und andere Behandlungsmethoden ähneln denen der Ayurveda in vielen Punkten.

5.5.3 Enzympräparate

Enzyme sind Proteinketten, die biochemische Reaktionen auslösen. Sie könnten Umweltgifte neutralisieren und freien Radikalen, Bakterien, Viren und Pilzen entgegenwirken.
Die Dosierung für eine Therapie und eine Kombination von Präparaten legt der Arzt für jeden Patienten individuell fest.
Bei einer Erkrankung der Bauchspeicheldrüse verschreibt der Arzt Enzympräparate. Hierfür verwendet man Enzyme, die aus der Bauchspeicheldrüse des Hausschweins stammen.
Durch Zufuhr von Enzymkombination geht man davon aus, dass das Immunsystem positiv beeinflusst oder die Entzündungsheilung gegebenenfalls beschleunigt wird.
Die Einnahme von Enzympräparaten löst manchmal allergische Reaktionen aus. In einigen Fällen tritt eine Verdauungsstörung in Form von Blähungen, Übelkeit, Bauchschmerzen, Erbrechen und Durchfall auf. Keine Enzymtherapie während der Schwangerschaft.

5.5.4 Klangschalentherapie

Durch Klangwellen, die beim Anschlagen einer Klangschale entstehen, lernen die Betroffenen, sich wieder zu entspannen.
Viele Krebs-Patienten leiden vor allem psychisch unter ihrer Erkrankung. Sie können sich nicht mehr richtig entspannen und haben große Angst. Ihnen kann die Klangschalentherapie helfen. Durch Klangwellen, die beim Anschlagen einer Klangschale
entstehen, lernen die Betroffenen, sich wieder zu entspannen. Durch die tiefe Entspannung können aber auch Entscheidungen oder Erkenntnisse besser wahrgenommen werden welche einer erfolgreichen Krebstherapie helfen. Die Therapeuten können zu speziellen Fragestellungen motivieren und dann die Patienten in die Entspannung führen. Im Zustand dieser tiefen Entspannung können die Gedanken dann um so ein Thema kreisen gelassen werden und so eine Verarbeitung von Erfahrungen leichter bewältigt werden.

5.5.5 Lichttherapie

Lichttherapie ist eine komplementäre und schonende Behandlung gegen saisonale Depressionen.
Heute gibt es mit der Lichttherapie, ein komplementäre und schonende Behandlung gegen saisonale Depressionen. Die meisten Patienten fühlen sich bereits nach wenigen Anwendungen wesentlich besser und ein überwältigend hoher Prozentsatz kann sogar dauerhaft vom sogenannten SAD-Syndrom (Erschöpfungssyndrom) geheilt werden. Speziell bei chronischen Erkrankungen können die positiven Wirkungen auf die Psyche stimulieren und so einen Heilerfolg unterstützen.
Eine punktuelle Lichttherapie kann bei Hautkrebs oder im Bereich von Mund und Rachentumoren eingesetzt werden. Dabei wird zunächst eine lichtempfindliche Substanz verabreicht und danach mit speziellen Lichtfrequenzen bestrahlt. Bei der Bestrahlung bilden sich aus den lichtempfindlichen Substanzen aggressive Sauerstoff Moleküle, welche die Tumorzellen direkt abtöten oder zum Verschluss von Blutgefäßen führen, wodurch ebenfalls Tumorzellen abgetötet werden. Das gesunde Gewebe in der Umgebung wird weitestgehend geschont.

5.5.6 Lymphdrainage

Die Manuelle Lymphdrainage ist eine Therapieform der physikalischen Anwendungen.
Die Manuelle Lymphdrainage ist eine Therapieform der physikalischen Anwendungen. Die Therapeuten sind vornehmlich Masseure, Krankengymnasten und Physiotherapeuten. Die Anwendung ist nur dem Fachpersonal mit der entsprechenden Zusatzausbildung in manueller

Lymphdrainage an einem zugelassenen Lehrinstitut erlaubt. Die Wirkungsweise der manuellen Lymphdrainage ist breit gefächert. So dient sie hauptsächlich als Ödem- und Entstauungs-Therapie geschwollener Körperregionen, wie Körperstamm und Extremitäten (Arme und Beine). Durch kreisförmige Verschiebetechniken, welche mit leichtem Druck angewandt werden, wird die Flüssigkeit aus dem Gewebe in das Lymphgefäßsystem verschoben. Die Manuelle Lymphdrainage wirkt sich überwiegend auf den Haut- und Unterhautbereich aus und soll keine Mehrdurchblutung, wie in der klassischen Massage, bewirken. Auch in der Schmerzbekämpfung, wie auch vor und nach Operationen tut sie gute Dienste, das geschwollene, mit Zellflüssigkeit überladene Gewebe zu entstauen. Der Patient spürt eine deutliche Erleichterung, Schmerzmittelgaben können verringert werden, der Heilungsprozess verläuft schneller. Kontraindikationen (Gegenanzeigen) sind hierbei genauestens zu beachten.
Bei manchen Krebsarten wird von einer Lymphdrainage unmittelbar nach Operationen abgeraten, da unter Umständen Krebszellen so weiter verbreitet werden und Metastasen bilden könnten.

5.5.7 Selbsthilfegruppen

Die meisten Mitglieder von Selbsthilfegruppen haben die Erfahrung gemacht, die Belastungen der Erkrankung besser zu bewältigen.
Die meisten Mitglieder von Selbsthilfegruppen haben die Erfahrung gemacht, die Belastungen der Erkrankung besser zu bewältigen. Durch den Erfahrungsaustausch werden die für den jeweiligen Krankheitsverlauf besten Möglichkeiten der Mithilfe bei der Therapie erkannt. Durch die Eingliederung in eine Gemeinschaft wird auch der Zustand der Einsamkeit in seiner Situation bewältigt. Speziell bei der Lösungsfindung zu einzelnen Situationen können selbst Betroffene viel glaubwürdiger ihr Fachwissen vermitteln als Personen, welche die Methoden lediglich theoretisch gelernt haben. Die Mitglieder können außerdem meistens besser mit Ärzten und Therapeuten sprechen, weil die Themen bereits in den Gruppen besprochen wurden. Außerdem gelingt den Selbsthilfegruppen oft kritische und innovative Impulse auszudrücken, welche zur Veränderung und zum Umdenken im professionellen Bereich beitragen. In Selbsthilfegruppen wird Fachwissen zusammengetragen und durch Erfahrungen der einzelne Betroffenen ergänzt. So entsteht ein ganzheitliches Wissen, das die Mitglieder befähigt, Entscheidungen fundiert zu treffen und in unüberschaubaren System der Therapieangebote professionelle Dienste sinnvoll zu nutzen. Patienten, die in der Selbsthilfe engagiert sind, haben oft kürzere Klinikaufenthalte, weniger Therapiestunden und einen geringeren Medikamentenverbrauch.

5.5.8 Tuina Massage

Unterstützt den Stressabbau, ist Blockaden lösend und Immunsystem stärkend.
Anwendung nach Vereinbarung mit dem Therapeuten.
Nicht bei Tumoren, akute Verletzungen oder Ulzerationen der Haut.

5.5.9 Vitamin A Präparate

Antioxidans, gegen freie Radikale.
Vitamin A wird normalerweise über die Nahrung aufgenommen und ist als Retinol in tierischen Produkten wie Leber, Milch und Eiern enthalten. Als Vorstufe (Pro-Vitamin) Carotin kommt es auch in Obst, Gemüse und Nüssen vor. Personen mit erhöhtem Vitamin A Bedarf, wie beispielsweise bei Erkrankungen der Schleimhäute oder während der Schwangerschaft und Stillzeit bei Vitamin A Unterversorgung, sollten die tägliche Vitamin A Aufnahme erhöhen.

5.5.10 Weihrauch

Entzündungshemmend, beruhigend.
Als Räucherwerk oder Salbe oder Dragees

5.6 Speisezugabe

5.6.1 Beifuß

Reduziert Blutungen, lindert Schmerzen. In der Küche wird Beifuß als Gewürz für fettes Essen benutzt. Da er viele Bitterstoffe enthält, kurbelt er die Fettverbrennung an und fördert die Verdauung.
3-10 g
Nicht in der Schwangerschaft verwenden.

5.7 Verschiedene Möglichkeiten

5.7.1 Aloe Vera (Echte Aloe)

Äußerlich: beruhiget die Haut. Als Dekokt: Beruhigt die Leber, mindert Fieber; wirkt mild abführend, leitet die radikale Darmentleerung ein; stärkt Magenfunktion; reguliert Menstruation; keimtötend und kühlend
Zur Magenstärkung 0,1 - 0,2 g. Als mildes Abführmittel 0,3 - 0,6 g. Zur radikalen Darmentleerung 0,8 - 1,0 g.
Aufguss mit 250 ml. Kochendem Wasser
Zur äußerlichen Anwendung reiben Sie ein wenig frisch gepressten Saft unverdünnt direkt auf das betroffene Hautareal.
Nicht anwenden bei: Kindern, die zu Leere-Kälte-Symptomen neigen

(sehr blass, zart, anfällig für Erkältungskrankheiten); Darmverschluss, Schwangerschaft und Stillzeit; Erwachsene sollten die oben angegebene Dosierung nicht überschreiten.

Zur Magenstärkung 0,1-0,2g. Als mildes Abführmittel 0,3-0,6g. Zur radikalen Darmentleerung 0,8-1,0g. Äußerlich frisch gepressten Saft unverdünnt einreiben.
Nicht anwenden bei: Kindern, Darmverschluss, Schwangerschaft und Stillzeit. Dosierung nicht überschreiten.

5.7.2 Aromatherapie
Aromatherapie ist die Behandlung von Befindlichkeitsstörungen und Erkrankungen mit ätherischen Ölen oder Räucherwerk.
Je nach Entscheidung des Therapeuten.
Aromatherapie ist die Behandlung von Befindlichkeitsstörungen und Erkrankungen mit ätherischen Ölen oder Räucherwerk. Sie ist Bestandteil der Phytotherapie (Pflanzenheilkunde) und Teil komplementärmedizinischer Methoden. Der Geruchssinn wird angesprochen; dies führt zu altbekannten Reaktionen. Ätherische Öle können eine direkte Wirkung auf die Organe haben. Lavendelöl soll zum Beispiel beruhigend wirken, Thymian aktivierend, Jasmin öl sei antidepressiv, Orangen- und Zitronenöl sollen die Stimmung aufhellen. Heutzutage werden begleitend zur Schulmedizin selbst in Spitälern, Pflegeheimen und Hospizen die beruhigenden und entspannenden Wirkungen gerne genutzt. Bei manchen Präparaten ist auch eine antibakterielle Wirkung nachgewiesen, welche begleitende genutzt werden kann.

5.7.3 Komplementäre Vitaminpräparate
Zusätzlich zugeführte Vitamine können Ihr Wohlbefinden steigern und ermöglichen meistens einen rascheren Heilungsprozess. Bei Magen-Darmerkrankungen oder anderwärtig erhöhtem Bedarf können ergänzend Nahrungergänzungsmittel helfen.
Bitte mit dem behandelnden Arzt oder Therapeuten anhand eines Blutbildes absprechen.
Es gibt fettlösliche und wasserlösliche Vitamine. Fettlösliche werden in Depots des Körpers gespeichert und müssen nicht täglich eingenommen werden. Der Körper benötigt den Großteil der wasserlöslichen Vitamine zur Bildung von Co-Enzymen. Wen Ernährungstörungen vorliegen sollten diese Vitamine regelmäßig zugeführt werden.

5.7.4 Reishi

Regeneriert die Leber, wirkt entgiftend und entzündungshemmend. Gut gegen chronischer Hepatitis, Schwellungen, Rötungen und Juckreiz. Reguliert das Immunsystem, weckt und unterstützt die Selbstheilungskräfte. Verbessert die Sauerstoffsättigung des Blutes.
Als Zugabe zu Tee, Kakao oder Kaffee. Als Kapseln, Extrakt, Pulver oder ganzer Pilz.
Reishi ist reich an Mineralstoffen und Spurenelementen Magnesium, Kalium, Calcium, Eisen, Zink, Kupfer, Mangan und organisch gebundenes Germanium, welches in der Tumortherapie und für die Interferonproduktion eine große Rolle spielt. Wertvollen Polysaccharide, Glykoproteine, Proteoglykane, Triterpene, Sterole, Alkaloide und eine Vielzahl weiterer hochaktiver Wirksubstanzen.

5.7.5 Schmetterlingsporling, Yun Zhi, Kawaratake

Stark antioxidative und das Immunsystem modulierende Wirkung. Regenerative Wirkung auf Leber und Milz.
Einer der wichtigsten Vitalpilze bei erregerbedingten Erkrankungen. Sowohl gegen Viren wie Coxackie-, Epstein Barr- oder Human Papilloma, als auch gegen Protozoen (Einzeller) wie Leishmanien und den Malariaerreger. Des Weiteren hemmt der Pilz Hefepilze wie Candida albicans und Bakterien wie Strepto- und Staphylokokken.
Der Coriolis ist ein sehr gut verträglicher Pilz, sollte aber in der Schwangerschaft wegen seiner antiöstrogenen Wirkung nicht eingenommen werden.

6 Grundlagen der Ernährung

Die hier beschriebenen Grundlagen der Ernährung zeigen allgemeine Empfehlungen und beziehen sich nicht auf eine spezielle Therapieform. Die Empfehlungen der Therapie haben Vorrang.

6.1 Ernährung

Die regelmäßige Einnahme von Mahlzeiten in entspannter Atmosphäre. Ein wärmendes Frühstück gilt als guter Start in den Tag.
Mittags sollte die Hauptmahlzeit stattfinden - das Abendessen am frühen Abend.

Die Beachtung von Hunger- und Sättigungsgefühlen: Nicht überessen und nicht hungern, so lautet die Regel.

Die frische Zubereitung der Speisen aus naturbelassenen, regionalen Produkten. Tiefgekühlte, hitzekonservierte, industriell vorgefertigte oder mikrowellengegarte Lebensmittel werden gemieden.

Die Auswahl von Lebensmittel nach der Jahreszeit: Im Sommer mehr kühlende Nahrung, im Winter mehr wärmende Nahrung.

Mindestens zweimal am Tag Gekochtes essen. Speisen und Getränke sollen möglichst handwarm, niemals eiskalt oder heiß sein.

Rohkost, kurz gegartes Gemüse, frisch gepresste Säfte und Mineralwasser werden üblicherweise nicht empfohlen. Milch und Milchprodukte stehen nur dann auf dem Speiseplan, wenn sie problemlos vertragen werden.

Therapeutische Rezepte nicht über einen längeren Zeitraum ohne Rücksprache mit dem Arzt oder Therapeuten einnehmen.

1. Vielseitig essen
Lebensmittelvielfalt genießen. Merkmale einer ausgewogenen Ernährung sind abwechslungsreiche Auswahl, geeignete Kombination und angemessene Menge nährstoffreicher und energiearmer Lebensmittel. (Einerseits Schutz vor Unterversorgung mit essenziellen Nährstoffen und andererseits Schutz vor einer überhöhten Zufuhr unerwünschter Inhaltsstoffe.)

2. Reichlich Getreideprodukte - und Kartoffeln
Brot, Nudeln, Reis, Getreideflocken (am besten aus Vollkorn), sowie

Kartoffeln enthalten kaum Fett, aber reichlich Vitamine, Mineralstoffe, Spurenelemente sowie Ballaststoffe und sekundäre Pflanzenstoffe. Diese Lebensmittel sollten mit möglichst fettarmen Zutaten verzehrt werden.

3. Gemüse und Obst - Nimm "5" am Tag ...
5 Portionen Gemüse und Obst am Tag, möglichst frisch, nur kurz gegart, oder auch eine Portion als Saft – idealerweise zu jeder Hauptmahlzeit und auch als Zwischenmahlzeit: Damit werden reichlich Vitamine, Mineralstoffe sowie Ballaststoffe und sekundären Pflanzenstoffe (z.B. Carotinoiden, Flavonoiden) zugeführt. Das Beste, was man für die eigene Gesundheit tun kann.

4. Täglich Milch und Milchprodukte, ein- bis zweimal in der Woche
Fisch; Fleisch, Wurstwaren sowie Eier in Maßen. Diese Lebensmittel enthalten wertvolle Nährstoffe, wie z.B. Calcium in Milch, Jod, Selen und Omega-3-Fettsäuren in Seefisch. Fleisch ist wegen des hohen Beitrags an verfügbarem Eisen und an den Vitaminen B1, B6 und B12 vorteilhaft. Mengen von 300 - 600 g Fleisch und Wurst pro Woche reichen hierfür aus. Fettarme Produkte bevorzugen, vor allem bei Fleischerzeugnissen und Milchprodukten.

5. Wenig Fett und fettreiche Lebensmittel
Fett liefert lebensnotwendige (essenzielle) Fettsäuren und fetthaltige Lebensmittel enthalten auch fettlösliche Vitamine. Fett ist besonders energiereich, daher kann zu viel Nahrungsfett Übergewicht fördern, möglicherweise auch Krebs. Zu viele gesättigte Fettsäuren fördern langfristig die Entstehung von Herz-Kreislauf-Krankheiten. Pflanzliche Öle und Fette bevorzugen (z.B. Raps-, Oliven- und Sojaöl und daraus hergestellte Streichfette). Auf unsichtbares Fett achten, das in Fleischerzeugnissen, Milchprodukten, Gebäck und Süßwaren sowie in Fast-Food- und Fertigprodukten meist enthalten ist. Insgesamt 70 - 90 Gramm Fett pro Tag reichen aus.

6. Zucker und Salz in Maßen
Nur gelegentlich Zucker und Lebensmittel, bzw. Getränke verzehren, die mit verschiedenen Zuckerarten (z.B. Glucose Sirup) hergestellt wurden. Kreativ mit Kräutern und Gewürzen und wenig Salz würzen. Jodiertes Speisesalz bevorzugen.

7. Reichlich Flüssigkeit
Wasser ist absolut lebensnotwendig. Jeden Tag rund 1-2 Liter Flüssigkeit trinken. Wasser (ohne oder mit Kohlensäure) und andere kalorienarme Getränke bevorzugen. Alkoholische Getränke sollten nicht konsumiert

werden.

8. Schmackhaft und schonend zubereiten
Die jeweiligen Speisen bei möglichst niedrigen Temperaturen garen, soweit es geht kurz, mit wenig Wasser und wenig Fett - das erhält den natürlichen Geschmack, schont die Nährstoffe und verhindert die Bildung schädlicher Verbindungen.

9. Sich Zeit nehmen und das Essen genießen
Bewusstes Essen hilft, richtig zu essen. Auch das Auge isst mit. Sich beim Essen Zeit lassen. Das macht Spaß, regt an, vielseitig zuzugreifen und fördert das Sättigungsempfinden.

10. Auf das Gewicht achten und in Bewegung
Ausgewogene Ernährung, viel körperliche Bewegung und Sport (30 bis 60 Minuten pro Tag) gehören zusammen. Mit dem richtigen Körpergewicht fühlt man sich wohl und fördert die Gesundheit.
Thermik, Wirkrichtung, Verdauungskraft
Es gibt unterschiedliche Kriterien, die Wirksamkeit von Kräutern und Lebensmittel zu beurteilen. Der Einsatz der Kräuter und Zutaten basiert auf Beobachtung, was die Lebensmittel, Kräuter und Gewürze nach ihrem Verzehr im Körper bewirken. In der Medizin hat sich daraus folgendes System entwickelt: Jede Zutat oder Kraut hat eine Wirkrichtung. Außerdem gibt es noch Kräuter, die eine besondere Wirkung auf bestimmte Organe haben.

Voraussetzung für einen gesunden Stoffwechsel ist es, darauf zu achten, dass wir ausreichend Energie aus der Nahrung gewinnen und der Verdauungsprozess so wenig Energie wie möglich verbraucht. Eine bekömmliche Mahlzeit macht zufrieden und satt, verursacht keine Blähungen und keine Müdigkeit nach dem Essen. Richtiges Würzen erhöht die Bekömmlichkeit unserer Speisen. Es genügen oft schon geringe Mengen an Kräutern und Gewürzen. Sie dienen nicht dazu, uns satt zu machen, sondern helfen unseren Verdauungsorganen, die Nahrung zu verdauen.

6.2 Rezepte

Die Rezepte zeigen Ihnen welche Zutaten verwendet werden sowie mit der Kochanleitung wie diese zubereitet werden. Bei den Zutaten wird neben den Mengenangaben auch die Wichtigkeit für die Therapie angezeigt. Wenn dabei angezeigt wird "weniger als angegeben" versuchen Sie diese Empfehlung einzuhalten oder eine Alternative aus der Liste der "Empfohlenen Lebensmittel" zu finden. Meistens ist es nur eine leichte geschmackliche Änderung, wenn Sie diese Zutat gänzlich weglassen.

Schonende Kochmethoden: Kochen, dämpfen, pochieren, dünsten
Scharfe Kochmethoden: Grillen, rösten, anbraten, räuchern
Ausgeglichene Kochmethoden: Frittieren, Römertopf

Auf das Einfrieren und Erwärmen in der Mikrowelle sollte verzichtet werden (Denaturierung).

6.3 Lebensmittel

Lebensmittel wirken wie Heilkräuter auf Körper und Geist, nur wesentlich sanfter. Die Ernährungsberatung stützt sich hauptsächlich auf heimische Lebensmittel. Das Wissen über die Wirkungsweisen jedes einzelnen Lebensmittels und das Wissen, wann welche Lebensmittel zur Anwendung kommen, entstammt der Schulmedizin. Verwende Sie möglichst Erzeugnisse aus ökologischen-biologischem Landbau.

Da wegen der besseren Verdaulichkeit grundsätzlich alles lange gekocht und kaum roh gegessen wird, ist die Verträglichkeit hervorragend.

Die Einteilung der Lebensmittel entsprechend ihrer Wirkung auf den Körper und bildet die Basis, um einen ausgewogenen und harmonischen Gesundheitszustand im Körper zu erreichen.

Grundsätzlich empfiehlt die Ernährungsberatung keine bestimmten Lebensmittel für Jedermann. Ausschlaggebend für den individuellen Speiseplan ist vor allem die persönliche Konstitution.

Kaufen Sie nur frisches und reifes Obst und Gemüse ein. Braune Stellen, welke Blätter aber auch unreifes Obst und Gemüse sollten Sie im Supermarkt zurücklassen. Greifen Sie dann zu Tiefkühlware (keine Fertiggerichte!). Tiefkühlobst und -gemüse werden kurz nach dem Ernten schockgefroren und enthalten deshalb oftmals mehr Vitamine und Mineralstoffe als die Ware aus der Obst- und Gemüsetheke! Konserven- und Dosenware dagegen enthält wesentlich weniger Biostoffe. Zudem werden Letztere meist mit Salz, Zucker usw. angereichert. Lassen Sie die Zutaten nach dem Waschen nie im Wasser liegen, denn so gehen viele Vitalstoffe ins Wasser über! Putzen Sie Salate, Früchte und Gemüse erst unmittelbar vor Verzehr.

Beachten Sie bitte die hygienische Verarbeitung der Lebensmittel. Waschen Sie Ihre Salate, Früchte und Gemüse gründlich. Bei Gerichten mit Fleisch bereiten Sie zuerst die Zutaten vor und verarbeiten dann die Fleischprodukte. Reinigen Sie danach die Arbeitsflächen und Werkzeuge besonders gründlich. Holzunterlagen sollten regelmäßig mit leichtem Desinfektionsmittel behandelt werden, um die Keimbildung einzuschränken.

Bewahren Sie Obst und Gemüse möglichst getrennt voneinander auf. Auch geerntete Früchte und Gemüse leben und strömen z.B. Ethylengas aus, das andere Sorten schneller reifen und altern lässt. Fleisch und Fisch in der verschlossenen Verpackung lassen oder in luftdichten Boxen im Kühlschrank aufbewahren.

6.4 Kräuter

Bei der Aufbewahrung und Lagerung von Heilkräutern, müssen gewisse Grundregeln beachtet werden. Grundsätzlich müssen Heilkräuter geschützt vor direkter Sonneneinstrahlung, vor Feuchtigkeit und vor heißen Temperaturen gelagert werden.

Als Gefäße für die Lagerung von Heilkräutern können Gläser, Keramik-Behälter und zur Not auch Plastik-Dosen eingesetzt werden. Plastik ist aber ein sehr unreines Material und sollte daher wirklich nur eine kurzfristige Notlösung sein. Bei Glasbehältern ist darauf zu achten, dass dunkles Glas verwendet wird.

Heilkräuter können nicht beliebig lange aufbewahrt werden. Die Haltbarkeit von Heilkräutern ist auf jeden Fall begrenzt. Durch die Haltbarkeitsdauer kann durch sachgerechte Lagerung wesentlich erhöht werden. So soll der Lagerplatz dunkel, eher kühl und absolut trocken sein. Ein Medizinschrank aus Holz, der nicht direkt bei einer Wärmequelle platziert ist wäre ideal. Um Ihre Heilkräuter nicht wegwerfen zu müssen, kaufen Sie nicht zu große Mengen an Heilpflanzen. Beschriften Sie die Behälter mit dem Namen des Heilkrauts und dem Datum der Ernte bzw. der Verarbeitung.

7 Weitere Ernährungsvorschläge

Folgende Syndrome der Diätetik, der TCM oder als Therapieergänzung bei Krebs sind verfügbar.

DIÄTETIK
1. Ernährung des Säuglings - Beikost
2. Ernährung in der Stillzeit
3. Ernährung im Alter
4. Ernährung von Kindern und Jugendlichen
5. Ernährung von Sportlern
6. Leichte Vollkost
7. Schwangerschaft
8. Vollkost

Eiweiß und Elektrolyt – Nieren
9. (Hämo-)Dialysebehandlung
10. Akutes Nierenversagen
11. Chronische Niereninsuffizienz
12. Nephrotisches Syndrom
13. Nierensteine (Nephrolithiasis)

Gastrointestinaltrakt - Bauchspeicheldrüse
14. Akute Pankreatitis (Entzündung der Bauchspeicheldrüse)
15. Chronische Pankreatitis (Entzündung der Bauchspeicheldrüse)

Gastrointestinaltrakt - Dünndarm und Dickdarm
16. Akute Obstipation (Verstopfung)
17. Chronische Obstipation (Verstopfung)
18. Colon irritabile
19. Divertikulitis
20. Erworbene Laktoseintoleranz (Laktosemalabsorption)
21. Fruktosemalabsorption
22. Glutensensitive Enteropathie (Zöliakie)
23. Kolektomie
24. Kurzdarmsyndrom

Gastrointestinaltrakt - Leber, Gallenblase, Gallenwege
25. Akute und chronische Hepatitis (Entzündung der Leber)
26. Cholelithiasis (Gallensteine)
27. Fettleber
28. Leberzirrhose

Gastrointestinaltrakt - Magen und Zwölffingerdarm
29. Akute Gastritis
30. Chronische Gastritis
31. Magenblutung
32. Ulcus ventriculi und Ulcus duodeni
33. Zustand nach Magenoperation

Gastrointestinaltrakt - Mundhöhle und Speiseröhre
34. Mundschleimhautentzündung
35. Ösophaguskarzinom (Speiseröhrenkrebs)
36. Reflüxösophagitis (Sodbrennen)

spezielle Krankheiten
37. Phenylketonurie (PKU)
38. Rheumatische Gelenkserkrankungen

Stoffwechsel
39. Adipositas (Übergewicht)
40. Diabetes mellitus
41. Essstörungen (Untergewicht)
Fettstoffwechsel
42. Hypercholesterinämie (erhöhter Cholesterinspiegel)
43. Hepatische Enzephalopathie
Herz- und Kreislauf
44. Arteriosklerose (Arterienverkalkung)
45. Herzinsuffizienz
46. Hypertonie (Bluthochdruck)
47. Hyperurikämie und Gicht
veränderter Nährstoffbedarf
48. bei Fieber
49. bei malignen Erkrankungen
50. nach Verbrennungen
51. Strahlen- und Chemotherapie

KREBS
100. Bauchspeicheldrüse
101. Blasenkrebs
102. Blutkrebs (Leukämie)
103. Brustkrebs
104. Darmkrebs
105. Magenkrebs
106. Nierenkrebs
107. Speiseröhrenkrebs

TCM
200. Blase - Feuchte Hitze in der Blase
201. Blase - Feuchtigkeit und Kälte in der Blase
202. Blase - Leere und Kälte in der Blase
203. Dickdarm - äußere Kälte befällt den Dickdarm
204. Dickdarm - Feuchte Hitze im Dickdarm
205. Dickdarm - Hitze blockiert den Dickdarm II akut
206. Dickdarm - Trockenheit des Dickdarms
207. Dickdarm - Yang Mangel (Kälte)
208. Herz - Blut Mangel
209. Herz - Blut Stagnation
210. Herz - Feuer
211. Herz - Heißer Schleim verstopft die Herzporen
212. Herz - Kalter Schleim verstopft die Herzporen
213. Herz - Qi Mangel
214. Herz - Yang Mangel
215. Herz - Yin Mangel
216. Leber - aufsteigender Leber-Yang
217. Leber - Blut-Mangel
218. Leber - Blut-Stagnation
219. Leber - feuchte Hitze in Leber und Gallenblase
220. Leber - Feuer
221. Leber - Gallenblase Qi-Leere
222. Leber - Kälte im Lebermeridian
223. Leber - Qi-Stagnation

224. Leber - Wind
225. Leber - Wind mit aufsteigendem Leber Yang
226. Leber - Wind mit Blutleere
227. Leber - Wind mit extremer Hitze
228. Lunge - Qi Mangel
229. Lunge - Schleim-Feuchtigkeit in der Lunge
230. Lunge - Schleim-Hitze in der Lunge
231. Lunge - Schleim-Kälte in der Lunge
232. Lunge - Trockenheit der Lunge
233. Lunge - Wind-Hitze befällt die Lunge
234. Lunge - Wind-Kälte befällt die Lunge
235. Lunge - Yin Mangel
236. Magen - Blutstagnation
237. Magen - Feuer
238. Magen - Magenkälte mit Flüssigkeit
239. Magen - Nahrungsstagnation
240. Magen - Qi Mangel
241. Magen - rebellierendes Magen Qi
242. Magen - Yin Leere
243. Milz - Hitze und Feuchtigkeit befällt die Milz
244. Milz - Kälte und Feuchtigkeit befällt die Milz
245. Milz - Qi Mangel
246. Milz - Qi Mangel + Absinkendes MilzQi
247. Milz - Qi Mangel + Milz kontrolliert das Blut nicht
248. Milz - Yang Mangel
249. Niere - Herz und Niere kommunizieren nicht mehr
250. Niere - Jing Mangel
251. Niere - Nieren können das Qi nicht empfangen
252. Niere - Qi ist nicht fest
253. Niere - Yang Mangel
254. Niere - Yin Mangel